面倒くさい人のトリセツ

職場の“ストレス源”に翻弄されない知恵

Enomoto Hiroaki
榎本博明

夢新書

イライラする職場を居心地よくするために——はじめに

どうにも面倒くさい人というのがいるものだ。あの人だけは苦手、あの人と接していると心のエネルギーを吸い取られてしまう……。

そんな人が職場にいると最悪だ。仕事で疲れるのは仕方ないと思えても、「なんでこんな人のために疲弊《ひへい》しないといけないのか?」と、腹立たしく思うこともあるだろう。

そうした思いに駆《か》られる人は、じつは非常に多いようだ。誰もが職場の人間関係のストレスを口にする。

「あの人と会わないといけないと思うだけで、職場にいくのが嫌になる」という人もいる。それが理由で、転職を考える人さえいるほどだ。

でも、そのような人に振りまわされ、自分の日々のペースを乱されるなんて、なんだかバカらしい。面倒くさい人物のトリセツがあれば、なんとも鬱陶《うっとう》しい職場生活も、心地よいものへと一変するはずだ。

そんな都合のよいトリセツがあるものかと、訝《いぶか》しく思われるかもしれない。でも、実際にあるのだ。

「わけがわからない」とこちらが思う相手も、実際はなんらかの心理法則にのっとって行動している。こちらにとっての面倒くささにも、本人なりには必然性があるわけだ。

その心理法則さえつかんでおけば、痛い目にあわされることもないし、被害を最小限に食い止めることもできる。なによりも、いちいちイライラしないですむ。

そこで本書では、よくいる職場の面倒くさい人を「典型的な12のタイプ」に分類し、それぞれの心理法則を読み解き、そのうえで、うまいつきあい方を提案することにした。

「あ、そうなのか！」と心理法則がわかれば、イライラも消えていくはずだ。さらに、うまいつきあい方のヒントを散りばめたので、それを参考に自分なりの対処法を考えてみよう。それにより、面倒くさい人に振りまわされることはなくなるだろう。

まずは、あなたを悩ませている面倒なタイプの項から読んでみていただきたい。

面倒くさい人のトリセツ◉目次

装幀◉こやまたかこ

プロローグ

イライラさせられるあの人から逃れたい！

❖職場ストレスの原因は「仕事」か「人間」か

職場の二大ストレスは、仕事の過重負担《かじゅうふたん》によるストレスと、人間関係のストレスだという。働く対価として給料をもらっているのだから、仕事の過重負担によるストレスがあるのはやむをえない。でも、人間関係のストレスはなんとしても余分《よぶん》だ。

だが実際は、職場のストレスの大半は人間関係のストレスだ。見かけ上は仕事の過重負担のようであっても、そこにはなにかと威圧的《いあつてき》で、すぐに怒りだす上司がからんでいたり、どうにも融通《ゆうずう》がきかない上司や同僚がからんでいたりする。なかなか話が通じない同僚を説得するのに疲れ果てることもある。

考えてみれば、就職する際に業種や会社は選んでも、上司や先輩、同僚を選んだわけではない。ましてや、あとで入ってくる後輩や部下を選ぶことなど不可能だ。価値観や性格の合わない人がいるのも当然といえる。

学生時代までは気の合う仲間とつきあっていればよかったが、就職するとそういうわけにはいかない。気の合わない上司や先輩、同僚、そして後輩や部下、あるいは取引先とも、なんとかつきあっていかねばならない。仕事上のつながりがある限り、避けるわけにはいかない。

ゆえに、仕事がらみの人間関係が大きなストレス源になり、どうしたらうまくかかわっていけるかに誰もが頭を悩ますことになる。

でも、あまり大げさに考える必要はない。職場でかかわる面倒くさい相手は、友だちでもなければ配偶者や恋人でもない。そこまで深くかかわる必要はない。仕事時間限定のつきあいにすぎない。サラッとかわしながら無難にかかわっていければ、それで十分なのである。

それなら、なんとかなりそうな気がするだろう。

周囲を見まわすと、じつにさまざまな人がいる。「面倒くさい人」にも、いろいろなタイプがある。傍《はた》から見れば、どんなにわけがわからない人でも、本人のなかではなんらかの法則性にしたがって動いているものだ。

その心理法則がわかれば、サラッとかわすこともできるだろうし、無難にかかわっていくこともできるだろう。なにも深いつきあいをするわけではない。被害をこうむらない程度に、表面上うまくやっていければよいのである。

❖なにかにつけ「嫌な気分」をもたらす人たち

職場の面倒くさい人といってもさまざまだ。

やたら対抗心を燃やす同僚に、うんざりするという人がいる。周囲の誰かが成果をだして、上司からホメられると、

「たまたま担当エリアがよかっただけだろ」

と吐き捨てるように嫌みをいう。

昇進が決まった同僚に、みんなが祝福の言葉をかけていると、

「あいつは上から気に入られているからな」

などと、まるで実力と関係ないかのような言い方をして、気まずい空気を醸《かも》しだす。

なにかで行き詰まっているようだから、アドバイスできることはないかと思って声をかけると、

「べつにいいよ。オレ、お前の部下でも後輩でもないから」

と不機嫌そうにいう。親切心からせっかく声をかけたのに、そんなふうに反発されると嫌な気分になり、その嫌な出来事を何度も思いだし、反芻《はんすう》してしまう。その日の気分が台無しだ。

同僚が仕事でミスをして取引先を怒らせたことを知ると、一瞬ニヤッとし、

「気にすることないよ。ミスは誰にもあることだし」

と励ましの言葉をかけながらも、いかにも嬉《うれ》しそうな雰囲気を漂わす。そんな様子を見るにつけ、嫌な気分になる。

この種の人物がいると、場の空気が悪くなるし、気まずい感じを避けるべく、非常に気をつかわなければならない。自分が成果をだすとか、うまくいったときなども、この種の人物を刺激しないように、とても気をつかうことになる。ほんとうに面倒くさい。

でも、そういう人物を動かしている「心理法則」がわかれば、うまくかわすことができるようになり、気の重い関係から解放される。

❖「他人のもの」を「自分のもの」にする人

人の手柄を平気で横取りする人がいて、腹が立つという人も非常に多い。そんな嫌らしいヤツがいるのか？ と驚く人は、稀《まれ》な幸運に恵まれている人に違いない。この種の人物は、どんな職場にもいるものだ。

自分なりのアイデアについて上司に話しにいくと、

「それは面白いな。今度の企画会議にかけてみよう」

といわれ、企画会議の結果を楽しみにしていると、

「無事、通ったぞ。役員からホメられたよ」

と上機嫌に話がある。それで喜んでいると、そのアイデアがなんと上司の着想ということで周囲に伝わっていることを知る。そんなのズルいじゃないかと思うかもしれないが、多くの人が似たような目にあっている。

人の手柄を平気で横取りするのは、なにも上司に限らない。同僚に痛い目にあわされることもある。同僚から相談を受け、知恵を絞《しぼ》っていろいろと意見をいうと、

「ありがとう、助かったよ」

といって立ち去っていった。なにかの力になれたなら嬉しいと思っていると、その同僚が課長の席の前に立って、熱心に話してるのが聞こえてくる。すると、さっき自分が話したことをあたかも自分のアイデアであるかのように披露《ひろう》し、

「それはいいアイデアだな。よく思いついたな」

と、課長からホメられてるのが聞こえてくる。そこで「それは私のアイデアなんです」としゃしゃり出ていうのも気まずいし、大人げないので我慢するが、どうも釈然としない。

しかも、こっちがすぐ近くの席にいるのに、なぜ平気でそういうことができるのかが不思議でならない。そんな疑問を口にする人もいる。

人の手柄を平気で横取りするこのような人に嫌な思いをさせられながら、なぜそんなズルいことができるのかが理解できないという人が意外に多い。自分にできないようなことを平気でする人の気持ちは、なかなかわからないものだ。

でも、そのようなことを平気でする人の心のなかにも、ある心理法則が働いている。そこを踏まえれば、ズルいことをする人の心理メカニズムが手に取るようによくわかるようになる。

それだけでも気持ちがおおいに救われ、楽になる。だが、そこからさらに一歩先に進んで、その種の人物による被害を最小限に食い止めるべく防御策をとることも大切だ。

では、どうしたらよいのか。それについては第Ⅰ部以降で詳しく見ていくことにしたい。

❖すぐに「カッとして怒りだす」人の不思議

ちょっとしたことで、すぐに怒りだす横暴な上司がいて、その上司から呼ばれるたびにビクッとして、「ストレスマックスだ」と嘆く人もいる。パワハラに対する批判が強まってはいるものの、すぐに怒鳴《どな》る上司はいまも健在だ。

日頃から強引なことをよく言ってくる取引先から無理な要求を突きつけられ、とても受け入れられないため断ってきた。そのことを報告すると、

「なんで、そんな強引な要求をしてくるんだ！」

と怒鳴るような口調で詰問《きつもん》してくる。そんなことを言われても、そういう強引な要求をしたのはこっちでなく先方なので、こちらには事情はわからない。詰問されても困る。そのことを説明しても、

「どうしてそういう要求をするのか、理由を聞かなかったのか！」

と声をいっそう荒《あら》らげる。もちろん理由は尋《たず》ねたが、はっきりとした説明はなかったと答えると、

「日頃からちゃんとケアしていないから、こんなことになるんだ！　いったい、どういうつもりだ！」

と頭から湯気が立っているような感じで、怒りが収まらない。なにかあるたびにこんな感じになるため、まったく気が休まらない。

面倒なことになるのは、取引先との問題に限らない。上司からアイデアを聞かされ、

「もっと練り上げたいから、遠慮なく思うところをいってくれ」

というので、疑問に思う点をいくつかあげると、しだいに表情が険《けわ》しくなり、気まずい空気が漂ってきて、

「オレのアイデアにケチをつけるのか！」

とついに怒鳴りだす。その瞬間、「しまった、遠慮なく思うところをいってくれという言葉を真に受けた自分がバカだった」と気づくが、もはや手遅れだ。しどろもどろになって言い訳をするが、上司は聞く耳をもたずに不機嫌な空気を醸しだす。

このように、ちょっとしたことですぐに怒りだすのは、上司だけではない。同僚や後輩、部下にもいる。顧客への接し方のまずい点を先輩から指摘され、自分は「なるほど、たしかにそうだな」と納得したのだが、いっしょに注意を受けた同僚は、先輩が立ち去ると、

「こっちだって一所懸命やってるんだよ。それなのに何だ、偉そうにケチつけやがって」

と悪態《あくたい》をついている。どう見ても先輩の言い分が正しいし、そこを修正することで、こっちの仕事力も高まるのに、怒るばかりで反省がない。

このような人物を見ていると、なぜそんなにいちいち怒るのかがわからず、対応に困っ

てしまう。だが、そのような人物のなかにも、なんらかの心理法則が働いており、それにのっとって怒りだすのである。その心理法則をわきまえていれば、引火を抑えられるし、うまいかわし方、うまい説得の仕方のヒントもつかめる。

❖こちらが「悪いことをした気分」になる

職場の面倒くさい人ということでよく話題にのぼるのが、ちょっと注意しただけで、すぐに落ちこむ人物だ。このところ、この種の若手がどの職場にも増殖中だ。

中間管理職の人たちと話すと、傷つきやすい若手に手を焼いており、どうしたらよいか悩んでいるという人がとても多い。

傷つきやすいのはわかっているので、当然、かつてのような厳しい叱《しか》り方はしないし、叱るといった感じにならないようにはしているが、やんわりと注意しただけでも過剰に反応し、仕事が手につかないほどに落ちこんだり、翌日から休んでしまうこともあるため、みんな腫《は》れものに触るような感じになっているという。

そんな傷つきやすく落ちこみやすい人物に、手を焼いている人も少なくないのではないか。注意されれば誰でも多少は落ちこむものだが、ちょっと注意しただけで必要以上に落ちこまれると、注意した側も困惑してしまう。

まだ仕事に習熟していない時期には、仕事上どうしても注意しないといけないことが、日々、出てくるものである。こっちは、むこうの仕事力の向上の手伝いをしているのだし、戦力として使えるように育てているのだから、組織にも貢献しているし、悪いことをしているわけではない。それなのに、ひどく落ちこまれると、なんだかこちらが悪いことをしているような感じになってしまう。

事情を知らない人がその落ちこむ様子を見て、「パワハラしているのではないか？」と疑うかもしれないといった懸念《けねん》もある。

ゆえに、この種の人物はどうにも扱いにくく、「なんでこんなヤツの世話をしないといけないんだ、面倒くさいなあ」と思ってしまう。ちょっと注意されただけで、あそこまで落ちこむことはないのに、なぜこんなに傷つきやすいのだろうか、信じられない……といった思いが頭のなかをかけめぐる。

でも、この種の人物も、一定の心理法則にもとづいて動いているのである。その法則をふまえて対処すれば、おかしなトラブルに巻きこまれずにすむ。

職場のこのような面倒くさい人に悩まされている人がとにかく多い。だが、それぞれの面倒くささにつながっている心理法則を知ったうえで接すれば、どんな相手もうまくかわすことができる。

どうにもならないと諦《あきら》めていた相手が、なんとか攻略できる相手に見えてくる。鬱陶しくてたまらず、ストレスになっていた相手も、なんとか無難にかわせるようになるはずだ。そうなれば、職場の居心地もよくなり、仕事に集中できるようになる。

以下の各項で取り上げられている「面倒くさい人物の心理法則」を理解し、職場の面倒くさい人たちをうまく攻略していただきたい。

第Ⅰ部◆面倒くさい人《12タイプ》の心理とトリセツ

タイプ1

やたらと対抗心を燃やす人

とにかく面倒くさいのは、なにかと対抗心を剝《む》きだしにする人物だ。

欧米のように個人主義が徹底しており、部下をうっかり鍛えようものなら自分の身が危うくなるような社会と違って、日本では職場の人間をライバル視するより、仲間と感じる面のほうが強い。

スポーツでも、日本人は個人プレーよりチームプレーが得意で、個人の成績よりチームの勝利への貢献を重んじる傾向がみられるのも、仲間意識が強いことのあらわれといえる。

欧米では「仕事を選ぶ」のに対して、日本では「職場を選ぶ」といわれたりする。日本でも転職する人が増えているが、欧米のように待遇のよさを求めて、しょっちゅう転職するるというほどではなく、職場の人間関係を重視する傾向は相変わらず強い。ゆえに、転職の動機にも、職場の雰囲気が合わないというような要因が目立つ。

そのように仲間意識の強い職場だからこそ、なにかと対抗心を燃やし、ときに敵意を剝きだしにするような人物がいると、なんとも鬱陶しいものである。

❖誰かがホメられると不機嫌になる

このタイプの典型的な反応に見られる特徴は、周囲の誰かがホメられたり成果をだしたりしたときに見せる不機嫌さだ。

同僚がノルマを達成し、上司からホメられ、みんなが「よかったな」「すごいじゃないか」と声をかけている傍《そば》で、不機嫌なオーラを漂わせて黙りこむ。誰でもちょっとは妬《ねた》ましい思いに駆《か》られるだろうが、ふつうは、そんな自分の醜《みにく》い気持ちを恥じて抑えこみ、祝福の言葉をかけるものだ。だが、このタイプの人物は、妬ましい思いを露骨《ろこつ》にあらわす。

同じ部課の誰かが上司に呼ばれ、

「取引先の担当者がホメてたよ。なかなか気のきく人物だって」

などといわれているのが聞こえると、自分が低い評価を受けたわけでもないのに、急に不機嫌モードになって、ふさぎこむ。

仲間が大きな案件を受注してきて、みんなから祝福の言葉をかけられているときに、

「たいした額じゃないじゃないか」

などといった嫌みをひとり言のように口走ったりする。

このように、やたらと対抗心を燃やし、妬んだり、拗《す》ねたり、嫌みをいったりする人物が身近にいると、どうにも面倒くさくてたまらない。

❖同僚のアドバイスにも不機嫌になる

このような人物は、親切なアドバイスにも反発して、不機嫌になったりするから厄介だ。親切心が通じないどころか仇《あだ》になるため、アドバイスしてあげた側からしたら、「やってられないよ」ということになる。

上司から振られた書類作成の仕事に悪戦苦闘しているのを見た同僚が、以前、その作業を担当させられたことがあったため、

「これ、前に作成した書類の写しだけど、参考にしたら」

と自分が取っておいたコピーを渡すと、

「ありがとう」

と口ではいうものの、表情が硬く、心から感謝している様子ではない。なんだか不機嫌な空気が漂う。

親切心からアドバイスしてあげたにもかかわらず、

「それ、自慢？」

といわれ、唖然《あぜん》としたという人もいる。

同僚からアドバイスをもらうと、「ほら、わかったか。オレのほうが仕事ができるんだよ」とマウンティングされたような気になるのだ。それで、不機嫌になるわけだ。こんなふうだから、このタイプは厄介きわまりない。

❖「比較意識」が強すぎるタイプ

このような人物を貫く中心的な特徴は「比較意識」の強さだ。

比較意識は、誰にもあるものだ。自分の現状が満足のいくものかどうかがわからないとき、「みんなはどうなんだろう」と気になる。

たとえば、自分と同年代の人たちの平均年収と比べて、自分の年収がかなり低いと不満が募《つの》り、挫折感に苛《さいな》まれる。平均並みなら、まあこんなものだろうと納得する。平均をかなり上まわっていれば、おおいに満足し、得意な気持ちになる。

このように、他人と比較することで自分の現状を評価しようとするのは、誰もがやっていることだ。だが、このタイプは、その比較意識が異常に強いのだ。

仲間が仕事で成果をだすと、自分が仕事で失敗したかのように落ちこむ。仲間が上司からホメられると、自分が叱られたかのような落ちこみを見せる。仲間が評価されるということは、自分が評価されないということと同じ意味になる。

比較意識が強すぎると、そんな感じになりやすい。だから、仕事でうまくいった仲間が祝福されていると、思わずこき下ろすようなことを口走ってしまうのである。

比較対象となるのは、身近な人たちだ。別の会社の人が大きな成果をだし、周囲から賞賛されていても、落ちこむことはない。いっしょになって「すごいなあ」と感嘆《かんたん》する気持ちの余裕がある。同じ社内で同年配でも、職種の違う人が成果をだしたのなら、とくにダメージを受けることはない。

似たような立場にあり、とくに年齢の近い人物、職場であれば身近な同僚が比較対象になりやすい。そのような人たちと自分をつねに比較し、勝利者であることを目指す。ゆえに、そのような人物の成功は、このタイプにとっては大きな脅威であり、なんとか引きずりおろしたいといった心理が働き、嫌みの一つや二つはいいたくなるわけだ。

この種の人は、頭のなかに「勝ち―負け」の図式が刻まれており、その枠組みのなかで自分が勝者でなければ気がすまないのである。

❖他人が成果を出すと敗北感をいだく

そのように、絶えず「勝ち―負け」の図式を念頭において人とかかわっているため、誰かが成果をだしたり、ホメられたりすることは敗北につながる。

人の成功を祝福できなかったり、人を素直にホメられなかったりするのも、なんでも「勝ち—負け」の図式にあてはめてしまうからだ。そうした比較の図式に従えば、他人の成功は自分の敗北を意味することになる。

「あいつは活躍してるのに、自分はなにやってるんだ」

「あいつは成果をだし、ホメられてる。それに比べて自分は……」

と落ちこむ。もちろん、そうした心理を本人は自覚しているわけではなく、無意識のなかでなんとなく感じている。

周囲の仲間の成功を素直に祝福する気持ちになれないのも、「勝ち—負け」の図式で仲間の成功は自分の負けになるからだ。

成果をだし、上司からホメられた同僚に、みんなが祝福の言葉をかけているのに、

「あの人、いつもオイシイところだけ持っていくからね」

「担当している取引先に恵まれてるだけでしょ」

「アピールがうまいからね」

「契約を取ったっていったって、たいした金額じゃないし」

などと嫌みをいわずにいられないのも、他人の成功は自分の敗北を意味するからだ。なにかにつけて「勝ち―負け」の図式で判断する癖《くせ》が身についているため、どうしても他人の成功を祝福する気になれない。

仲間が成果をだしたり、ホメられたりするたびに、悪口をいったりするのは、自己評価を低下させる人物に対する復讐《ふくしゅう》でもあり、自己評価の低下を防ごうという必死の抵抗でもあるのだ。

そのような態度をとるのはみっともないし、周囲に見苦しい姿をさらすことになる。ゆえに、ふつうは心のブレーキがかかるものだが、無意識の衝動《しょうどう》に駆られて動くため、本人に見苦しさの自覚はない。だから平気で、見苦しい姿をさらしてしまうのである。

❖他人の失敗にニヤリとほくそ笑む

このタイプは、人の成功を祝福できないだけでなく、むしろ、人の失敗を喜ぶようなところがある。

たとえば、同僚がミスをして上司から叱られたりすると、ニヤッとしたり、嬉《うれ》しそうな表情になったりする。

入力ミスなどを見つけたりした場合、それを入力した人にこっそりと教えてあげるのがふつうだが、このタイプは周囲に聞こえるように大きな声で指摘したりする。わざとらしいし、非常に嫌らしいやり方だが、本人は自覚していないため、恥ずかしげもなく嫌らしいことができてしまうのだ。

そうした態度の背後に潜《ひそ》んでいるのが、「人の不幸は蜜《みつ》の味」という心理だ。心理学用語では「シャーデンフロイデ」という。元々は、他人の不幸を喜ぶ心理を意味するドイツ語だ。


このような醜い心理は、じつは誰の心のなかにも潜んでいる。

著名人が不倫や失言、違法行為などでたたかれたりするニュースを見て興奮する人たちは、実際かなりの数にのぼる。だからこそ、スキャンダル紙・誌が商売として成り立っているのである。

現実になんの縁もない芸能人が誰と不倫をしようが、自分にはなんの関係もない。被害をこうむることもないし、いささかの影響も受けない。

それにもかかわらず、芸能人やスポーツ選手など著名人のスキャンダルを報じる新聞や週刊誌は、いつの時代もよく売れる。

それは多くの人が、そうしたスキャンダルに強い関心をもっている証拠といえる。なぜそんなに、なんのかかわりあいもない他人のスキャンダルが気になるのか。それは、スキャンダル記事に漂う攻撃性が、パッとしない仕事生活を送っている自分の自己評価の傷つきを癒《い》やしてくれるからだ。

活躍し輝いている人物、ものすごい収入を得ている人物など、自分より優位に立つ人物が叩かれるのを見て、「いい気味だ」と心のなかで密《ひそ》かに思い、溜飲《りゅういん》を下げるのだ。

シャーデンフロイデのような非常に醜い心理は、身近な世界では心のブレーキがかかり、ふつうは政治家や実業家、芸能人など、遠い世界の人たちに向けられるものだが、このタイプは職場の同僚など身近な相手にも向けてくるから厄介なのである。

対抗心を燃やす人のトリセツ

このような相手の対抗心に火をつけると、とんでもなくややこしいことになる。こっちには、競争する気も争う気もまったくないにもかかわらず、むこうは闘争心を燃やしてこっちを引きずりおろそうとしてくる。

比較意識が強く、こちらをライバル視しても、自分が必死に頑張って力をつけ、這《は》いあがろうとする人物なら、なんの問題もない。そのような人物は、対抗心を燃やしても、悪口をいったり、嫌みをいったりすることはない。

それは、けっして面倒くさい人の部類には入らない。向上心が強く、むしろ健全な比較意識をもつ人といえる。

問題なのは、同じく比較意識が強いにしても、頑張って自分が這いあがろうとするのではなく、相手を引きずりおろそうとするタイプだ。

比較のうえで自分が相手より上位になるには、自分が這いあがる方法と相手を引きずりおろす方法があるが、そのどちらを取るかで生き方は一八〇度異なってくる。

とにかく、やたら対抗心を燃やして攻撃的になる人物はややこしい。そんな闘争にかかわっていたら、むだに心のエネルギーを吸いとられてしまう。なんとかかわす必要がある。

そこで大切なのは、相手が頭のなかで掲げている「勝ち―負け」の図式において、むこうが「自分は勝利者だ」と思えるように仕向けることである。

効果的なのは、なにかにつけてドジ話をすることだ。このタイプは、適当に持ちあげられていれば機嫌がよい。ゆえに、持ちあげてあげるのが効果的だが、概《がい》してこのタイプは、ホメるべき点があまりないものである。

それなのに無理にホメて、おだてるのもあまりに不自然だし、気持ちのよいものではない。こっちまでが嫌らしい人間に落ちてしまったような気分になる。

そこで、相手を持ちあげるのでなく、自分を引きさげるのだ。ドジ話により、相手はこっちのことをバカにしながら笑い飛ばすことで、自分の優位性を感じることができるため気分がよい。

やたら対抗心を剝きだしにしてくる人物は、自己評価を脅《おびや》かす相手を見ると、ムキになって攻撃的な態度をとるが、自分より下とみなす相手を攻撃したりはしない。

注意しなければならないのは、こちらが優位に立ってしまったときだ。なにか成果をだしたとき、昇進が決まったとき、上司からホメられたときなど、こちらがあからさまに優位に立ってしまったときが要注意となる。

このタイプは、身近な人物の成功によって比較意識が強まり、いじけたり攻撃的になったりしやすい。

そのようなときは、気まずくならないように自虐《じぎゃく》ネタで茶化《ちゃか》すことにしているという人がいる。それはとても賢いかわし方だ。自虐ネタによって、むこうはこちらをバカにするかのように笑うことができ、「勝ち―負け」の図式において、こちらを引きずりおろすことができる。

むこうは自分が優位に立っていないと気がすまないのだが、こちらが劣位を装《よそお》えば、気持ちに余裕ができ、攻撃的にならずにすむ。

それどころか、結構いい人でいられたりする。自分のほうが上だと思えば、気持ちに余裕ができ、とても親切な人になったりする。

たとえば、自分のほうが実力があり、どうしても優位に立ってしまいがちなため、なにかにつけてドジ話をするのに加えて、いろいろと相談したりして頼ることで身を守っているという人もいる。これは、とても有効なかわし方といえる。

こちらが嘆《なげ》いたり、自嘲《じちょう》気味なことをいったりしながら相談することで、むこうは自分の優位を実感でき、気持ちのうえでおおいに余裕ができる。その結果、攻撃的になるどころか、こちらに同情し、上から目線ではあるもののアドバイスしてくれたり、けっこう親切にしてくれたりするものだ。

むこうが上から目線になれるように導くのが、ややこしい対抗心からわが身を守るコツといえる。

タイプ2

傷つきやすく、すぐ落ちこむ人

どの職場でも話題になるのが、異常に傷つきやすく、すぐに落ちこむ人物だ。そのような人物がいると、周囲の人たちはなにかいう際にひじょうに気をつかわねばならず、腫《は》れものに触るような感じになる。

ちょっと注意するだけで落ちこみ、ショックのあまり呆然《ぼうぜん》としてしまい、しばらく仕事が手につかないといった感じになる。極端なケースでは泣きだす。職場で泣かれて困ったという管理職の嘆きの声をよく耳にする。

このタイプは、落ちこみやすいばかりでなく、いったん落ちこむと、なかなか立ち直れない。そのため、ひどい場合は体調が悪いなどといってそのまま早退してしまい、翌日から週末まで休むなどということもある。

❖うっかり注意も指導もできない

このような人物のあつかいにほんとうに困っているといった嘆きの声をよく耳にする。しばらく一緒にいれば、日頃の反応から、傷つきやすく落ちこみやすいタイプだとわかるため、きつく叱るようなことはしないが、同じミスばかりされても困るので、注意しなければいけないこともある。

そこで、やんわりと注意するのだが、どんなに気をつかいながらやさしく注意しても、まるできつく叱られたみたいな反応をして、過剰に落ちこむ。これでは事情を知らない他部課の人たちからは、「パワハラをしているのではないか？」と疑われかねない。

そう思うとうっかり注意もできず、腫れものに触るような扱いになってしまい、戦力として鍛えることができない。そのように嘆く管理職の声が、どの職場でも聞かれる。

「注意するとすぐに泣きやがるんだから腹が立つ」という人もいる。これだけ聞くと、いかにも横暴な人物のように思うかもしれないが、事情を聞くと、けっしてそうではない。仕事をきちんとこなしていくうえで、どうしても必要な注意をしているだけなのだ。しかも、叱りつけるのではなく、今風に気をつかいながらやさしく注意している。それでも過剰な反応をするので困っている。

「あれで明日またケロッとして、注意されたことをすっかり忘れて、またいい加減な仕事のやり方をするんです。まったく改善されないんですよ。だけど強く注意はできないし。こっちのほうが泣きたいですよ」

「それに、むこうが泣くと、こっちが悪いことをしたような気になっちゃうじゃないですか。もうやりにくくてしようがないですよ」

と嘆き、ため息をつく。

❖励まそうとしても空振りに終わる

落ちこんでいる仲間がいれば、なんとかして励《はげ》まそうと思うものである。そこで周囲の人たちは、あれこれ励ましの声をかけるのだが、なかなかうまくいかない。

取引先からひどく怒られてショックを受けているときなど、励まそうと思って声をかけても、

「どうせ私、仕事できないから……」

「想像力が乏《とぼ》しくて、なにも気づかないし、ぜんぜん期待に沿えないし……」

などと、いじけたことを口にするばかり。慰《なぐさ》めつつ、こうしたらどうか、ああすればいいと、いろいろアドバイスをしても、

「私、ダメなんです。この仕事、向いてないみたい」

などといいだすため、かける言葉がそれ以上見つからず、周囲も困ってしまう。まったく取り付く島がないといった感じになる。

落ちこむだけでなく、他罰的《たばつてき》な態度に出るタイプもいる。仕事上のミスを指摘されることなど、誰にもあることだ。

なにがまずいのかを理解し、そこを改善すればよいのであって、いちいち落ちこんでい

たら仕事にならないし、反発していたのでは改善されない。だが、このタイプにそんな理屈は通用しない。

そして、このタイプにミスを指摘すると、ほんとうにややこしいことになりかねない。

「だから自分には無理なんです。ちゃんと適性をふまえて仕事を割りふってください」

「ほんとうは、この仕事は引き受けたくなかったんです。それなのに、やれっていうものだから」

などと、自分にやらせたのが悪いとでもいいたげな態度をとる。

そんな姿を見ていると、人格的な未熟さを感じざるをえず、このような人物をどうしたら前向きに頑張れるようにさせられるのか悩んでしまう。はっきりいって、お手上げである。

❖すぐに「感情的な反応」をみせる

注意された場合、ふつうなら「わかりました。これから気をつけます」ですむのに、いちいちややこしい感じになる。どうも感情的な反応が多く、ちょっとしたやりとりが、すんなり淡々と進まないのだ。

たとえば、仕事が雑なので、もう少していねいにやるように注意しただけでも、あまりに落ちこんだ様子を見せるため、

「そんなに気にしなくていいよ」

などと、つい心にもないことをいってしまい、「気にしろよ！」と心のなかで叫んでいる。でも、そんな心のなかの叫びでは伝わらず、相変わらず雑なままなので、また注意せざるをえない。

そんなことが繰り返されると、「落ちこむ必要はないから、頼む、もう少し気をつけてくれ」と祈るような気持ちにすらなる。

こちらがどんなに言い方に気をつけても、とにかく感情的な反応をする。注意されても、なぜ注意されたのかに目を向けずに、注意した上司や先輩のことを、

「いい人だと思ってたのに……。もう嫌い！」

などといいだすこともある。そういう話じゃないだろうと周囲も呆《あき》れる。こんな感じなため、いくら注意しても改善されない。

❖「レジリエンス」が低いタイプ

この種の人物は、自信がないため動揺《どうよう》しやすく、叱られるとパニックを起こす。とくに叱られたという感じでなくても、自分がミスをしたということに大きな落ちこみを見せる。ことさら厳しく叱られたわけではなく、やさしく注意されただけでも、「やっぱり自分はダメなんだ」といった思いが頭のなかを駆けめぐり、自分を全否定してしまう。そのため、落ちこむ様子を見かねて同情した周囲の人から励まされても、自己否定の気持ちにとらわれ、心ここにあらずといった感じで、なかなか立ち直れない。

要するに「レジリエンス」が低いのだ。

レジリエンスというのは、教育現場や心理学の世界でこのところ注目を集めている言葉だが、ビジネスの世界でも使われ始めている。そのうちストレスという言葉のように、誰もが日常的に使うようになるのではないか。

ところで、そのレジリエンスは、復元力と訳される。もともとは弾力を意味する物理学用語だが、心理学では「回復力」とか「立ち直る力」を意味する。

もう少し具体的に説明すると、強いストレス状況下におかれても健康状態を維持できる性質、ストレスの影響を緩和《かんわ》できる性質、一時的にネガティブ・ライフイベントの影響を受けても、すぐに回復し立ち直れる性質のことである。

どうしたら打開できるかわからないような困難な状況におかれれば、誰だって心にストレスがかかる。「どうしたらいいのだろう」と思い悩み、「もうダメだ、どうにもならない」と絶望的な気持ちになることもあるかもしれない。そこで問われるのが、レジリエンスだ。

困難な状況にあっても、心が折れずに適応していく力。挫折して落ちこむことがあっても、そこから回復し、立ち直る力。つらい状況でも、あきらめずに頑張りつづけられる力。このようなレジリエンスが欠けていると、困難な状況を耐え抜くことができない。そんなときに口にするのが、「心が折れた」というセリフだ。

かつては聞くことのなかった「心が折れた」というセリフが世の中に広まり、多くの人が口にするようになった。それほど、レジリエンスの低い人が多くなっているということなのだろう。

レジリエンスが高ければ、どうにもならない厳しい状況におかれ、気分が落ちこむことがあっても、心が折れることはなく、必ず立ち直っていくが、レジリエンスが低いと、落ち込みやすいばかりでなく、いったん落ち込むとなかなかそこから浮上できない。

❖ホメられて育つと、心が折れやすい

レジリエンスの研究は、「世の中には逆境に強い人と弱い人がいるけれども、その違いは何によるものか」ということへの関心から始まった。そして、過去に逆境を経験し、乗り越えてきた人ほど、レジリエンスが高いことがわかっている。苦しい状況に追いこまれ、なんとかしようともがき苦しむことで、レジリエンスが鍛えられる。

逆に、レジリエンスの低い人は、厳しい状況を乗り越える経験が乏しい。このところ傷つきやすく心が折れやすい人が目立つのも、ホメて育てる子育てや教育のせいで厳しさに慣れていないということが関係しているのだろう。

ホメられて育つと、つねにポジティブな心の状態におかれることになるため、ネガティブな心の状態においては、持ちこたえる力がついていない。ゆえに、ミスをして注意され

る、頑張っても成果がだせない、ホメてもらえるような立場になれない――といった逆境で、心が折れやすいのである。

レジリエンスの高い人の心理的特徴として、つぎのようなものを挙げることができる。

①自分を信じて諦めない
②つらい時期を乗り越えれば、必ずよい時期がくると思うことができる
③感情に溺れず、自分のおかれた状況を冷静に眺《なが》められる
④困難に立ち向かう意欲がある
⑤失敗して落ちこむよりも、失敗を今後に活かそうと考える
⑥日々の生活に意味を感じることができる
⑦未熟ながらも頑張っている自分を受け入れている
⑧他人を信じ、信頼関係を築ける

傷つきやすく、すぐに落ちこむ人は、このような心理的要素が著《いちじる》しく欠けているのだろう。自分自身にレジリエンスの低さを感じる人は、右の項目を意識するようにしたい。

❖「過度の一般化」という悪いクセをもっている

このようなタイプにありがちなのが、失敗を過度に一般化してしまう認知のクセだ。

仕事のやり方について注意を受けたときも、「あのやり方はまずかった」というように受けとめることができれば、「やり方を工夫すれば、もっとうまくいくはず」と前向きに考えることができる。

ところが、「自分はダメなんだ」「自分は仕事ができないんだ」というように、自分を全否定するような受けとめ方をするため、必要以上に落ちこむことになる。あるいは、仕事上のミスを指摘されたとき、「こういうことには、まだ慣れていないからな」というように受けとめれば、「これからもっと、気をつけなくちゃ」と前向きになれる。

だが、「この仕事は向いていないんだ」というように失敗を一般化してしまうと、「もうダメだ」という気持ちになり、立ち直れないくらいに落ちこんでしまう。

認知行動療法では、落ちこみやすい心理傾向を治すために、このような過度の一般化といった認知の歪《ゆが》みを正すべく、前向きの受けとめ方の練習をする。「自分にも、そうした傾向があるな」と思う人は、ぜひ過度の一般化をしないように意識していただきたい。

❖とにかく「身を守る」ために必死

このタイプは、自分が知識不足やスキル不足だったり、不注意だったりしてミスをしたのに、前述のように、

「だから自分には無理なんです。ちゃんと適性をふまえて仕事を割りふってください」

「ほんとうは、この仕事は引き受けたくなかったんです。それなのに、やれっていうから」

などと人のせいにすることがある。

そのように他罰的な態度をとるのも、自分の身を守るためといえる。傷つきやすく、いったん傷つくと、なかなか立ち直ることができないため、そんな自分の身を守りたいという防衛本能が強く働く。その結果、「自分にそんなことをやらせるほうが悪い」というような他罰的なことをいいだしたりするのである。

また、このタイプは、本人は意識していないことが多いが、自分の落ちこみを周囲にアピールするようなところがある。ふつうは叱られたりして落ち込んでいる自分を気づかっ

てくれる周囲の人たちを逆に気づかい、大丈夫だという姿勢をとるものだが、このタイプは、落ちこんだ姿をまったく隠そうとしない。

ひとつには、他人を気づかう気持ちの余裕がないということがある。だが、もうひとつ重大な理由がある。

それは、いわゆる「疾病利得《しっぺいりとく》」だ。疾病利得というのは、病気になることによって、大目に見てもらえるなどのメリットが生じることを指す。

このことをどこかで感じており、身を守る術《すべ》として落ちこみを示すようになったと考えられる。つまり、落ちこんでいればそれ以上周囲から責められることはないということを長年の経験から学習しているのだろう。

自分を変える力、学ぶ力が乏しいため、まわりが容赦《ようしゃ》してくれるのを期待する。そんな生き方が身に染みこんでしまっているのだ。

すぐ落ちこむ人のトリセツ

このタイプに同情して励ましの声をかけたり、前向きに頑張るようにアドバイスしたり

しても、効果がないことが多い。むしろ、こっちの言葉じりをとらえて、

「どうせ私は仕事ができないいんだから、頑張ったって無理なんです」

などと、さらに落ちこむようなことにもなりかねない。

本人は、自分のことだけで頭がいっぱいなため、こっちが親切心で言葉をかけているということがわからない。ゆえに、このタイプを励まそうなどと思わないことだ。へんに刺激しないように、極力放っておくことだ。

ただし、このタイプが部下である場合は、かかわらないわけにはいかない。仕事のやり方に習熟してもらい、戦力になってもらわないといけない。

仕事上、どうしても注意しなければならないときは、きつい感じにならないように言葉を選ぶ必要があるのはもちろんだが、どんなにやんわり注意しても、過剰に感情的な反応を示すに違いない。事情を知らない人がその様子を見たら、どんなにひどい言い方をされたのだろうと誤解する可能性がある。

パワハラを疑われても面倒なので、必ず第三者がいるところで注意をするようにしたい。注意する側にも、自分の身を守る術が必要である。

みんなの前で注意や叱責《しっせき》をするとメンツを潰《つぶ》すから、個別に注意や叱責をすべきだといわれるが、パワハラという概念がここまで広がると、落ちこんだ表情で密室から出てくるのを見られたりしたら、誤解を受けることになりかねない。

ゆえに、みんなの前で注意するのは避けるとしても、信用できる第三者に同席してもらうのがよいだろう。メンツを潰さないためには、ライバル関係にあるような年齢の近い人物は避け、比較対象にならない年長者に同席してもらうのがよいだろう。

どうしても心配なときは、やりとりを録音しておくという防御策もある。万が一、「いった」「いわない」といった争いになった場合への備えも万全にしておく必要がある。

傷つきやすい人物は、自分の身を守ることで精いっぱいで、こちらの親切な配慮を汲みとる気持ちの余裕がなく、逆恨《さかうら》みすることも珍しくない。

たとえば、こんなふうに傷つきやすく落ちこみやすいのでは、この先やっていけないだろうと思い、鍛えてあげようという思いで厳しいことをいったりすると、トラブルになりかねない。せっかくの親切心による厳しさも通じないことが多い。

このような性格は、長い年月をかけてつくられてきたので、一朝《いっちょう》一夕《いっせき》で変えられるものではない。だから、あまりお節介を焼かないことだ。

ただし、注意やアドバイスをする際に、失敗すると大きく落ちこむのを防ぐべく、過度の一般化などの認知の歪みを正すように導くことはできるだろう。

たとえば、仕事のやり方を変えればよいのに「自分はダメだ」「どうせ自分は仕事ができないのだ」といった、過度の一般化による自己否定に陥らないように、

「ここのやり方をもう少していねいにしてもらえますか。そうすればかなりよくなると思いますよ」

「もう少し意識を集中していけば、このようなミスはなくなると思いますよ」

などといった具合に、修正すればよくなるということをはっきりと伝えるように心がけたい。

このタイプは、つい感情に溺れてしまい、どうしたらよいかに気持ちが向かないので、どうすれば向上できるかに目を向けさせるような声がけをするようにしたい。

タイプ3

人の手柄を平気で横取りする人

どの職場でも煙たがられているのが、人を平気で利用し、人の手柄《てがら》を横取りしてしまう人物だ。

部下の手柄を平気で横取りする上司に対する不満を口にする人も多く、このタイプは上司に多いと思われがちだが、そうとも限らない。人の手柄を堂々と横取りする同僚に怒《いか》りまくりの人の声もよく耳にする。

結局のところ、元々人の手柄を平気で横取りするような人物は、上司という立場になると、大手を振って嫌らしいことをするようになるということだろう。

❖部下の成果を自分のものにする上司

上司から商品開発についてのアイデアを求められ、他社の競合商品やヒット商品を分析したり、消費者意識調査の結果をあれこれ見たりしながらアイデアを練り、企画書を作成して上司のところに持っていった。着想のきっかけや企画のコンセプトを説明すると、

「いいね、これは使えるな。社内会議で提案してみよう」

といわれ、自分の企画が採用されるかもしれないと思い、心が弾《はず》んだ。

質問が出たときのため、いちおう同席するようにいわれ、上司とともに社内会議に出席すると、上司はいかにも自分が思いついたかのように着想のきっかけを語り、自分ひとりで企画を練ったような言い方をした。その作話力には感心しつつも、そんなのズルいと思った。

結果的に企画は通り、よかったわけだが、どうもスッキリしない。会議では自分が隣にいたのにもかかわらず、どうしてあんな図々しいことがいえるのか、その神経が理解でき

ない。

こうした経験をしたことがある人も少なくないのではないか。

営業をかけるために上司とともに取引先を訪問し、新商品の説明をしていたところ、

「じつは、私、たまたまおもしろい資料を見つけましてね」

などと、上司が得意げに資料をだして説明し始めた。

「おい、おい。それはオレが見つけてきた資料じゃないか。じつは、この部下が見つけてきた資料なんですけど、というべきだろう……」と思いつつ、取引先にほんとうのことをいう必要はないだろうと自分に言い聞かせた。そうした経験をした人もいるはずだ。

部下の手柄を平気で横取りする上司の事例には事欠かないのだ。

❖人のアイデアを平気でいただく同僚

このようなことをするのは上司ばかりではない。同僚に手柄を横取りされたという話もしばしば耳にする。

同僚から声をかけられ、

「ちょっと意見を聞きたいんだ。いま、こういうテーマについて企画を練っていて、こんなアイデアを思いついたんだけど、どう思う？」

と聞かれた。どうも現実的なプランじゃなかったので、率直にそういうと、

「たしかにそうだな。なにかもっとアイデアないかな？　いっしょに企画を練ってみないか？」

と誘うので、数日ほど待ってもらい、自分なりのアイデアを簡単な企画書にまとめて渡した。

すると、その人物が上司に企画書を見せながら説明しているのが聞こえてきた。ほんとうの発案者が近くの席にいて、声が聞こえているのに、平気で自分ひとりの発案であるかのように得意げに説明している。そして、

「いいじゃないか、それでいこう。なかなかいいアイデアだな」

と、上司からホメられている。

その場で、「それ、共同企画だと思って、私が発案したんですけど」というのも気まず

いし、黙っていた。おそらくみんなも似たような目にあいながらも黙っているため、本人はいい気になっているのだろう。そのようにこぼす人もいる。

❖横取りタイプは「責任をなすりつける」のも平気

このようなタイプは、人の手柄を平気で横取りするだけでなく、なにかまずいことになったときには、責任を平気で人になすりつける。

よくあるのが、上司である課長の指示どおりに仕事を進めたところ、その判断が原因でトラブルが生じると、さらに上役の部長の前で、

「なぜ君は、そんなことをしたんだ！」

と非難してくる。部長は目の前だし、遠慮気味に課長の指示にしたがって進めた旨を口にすると、

「私はそんな指示をした覚えはない。なにかするときは逐一《ちくいち》、相談してくれ。勝手なことをしてもらっちゃ困るなあ」

などと、とぼけたことを平気でいう。

そのような責任のなすりつけが見られるのは、上司の指示で動いたケースばかりではない。上司に伺《うかが》いを立ててGOサインをもらったのに、それがうまくいかなくなると、

「私はなにも聞いてない」

などといいだし、こっちが相談もせずに勝手にやったことにされてしまう。

このような事案があるたびに不思議に思うのは、なぜ平気でそういうことができるのか、気まずくないのだろうか、ということだ。しかも、その人物を注意深く観察してみると、悪びれた感じなどみじんも見られず、まるで自分がほんとうに関与していないと信じているようにさえ感じられる。

そのような疑問を口にする人もいる。じつは、本人は、本気で自分のせいではないと思いこんでいるのだ。そこに働いているのが「利己的帰属」の心理過程である。

❖自分の貢献を過大視し、自分の責任を過小視する

悪びれた様子もなく、人の手柄を横取りしたり、人に責任をなすりつけたりするのは、

常識的に考えたらあり得ないことだし、わけがわからないということになる。だが、このような人物は、意外にもどのような職場にも必ずいるものだ。

なぜそんなズルいことが平気でできてしまうのか。どうして気まずくならないのか。それは、本人に、手柄を奪ったという意識や責任逃れをしているといった意識がないからだ。信じられないかもしれないが、このタイプは、ほんとうに自分の手柄だと思いこんでいる、あるいは、ほんとうに自分の責任ではないと思いこんでいるのである。だからタチが悪い。

そこには、ひじょうに調子のいい認知の歪みが関係している。このような心理メカニズムのことを「利己的帰属」という。

利己的帰属とは、うまくいったときは自分の「関与＝貢献を過大視」し、失敗したときには自分の「関与＝責任を過小視」する心理傾向を指す。

こうした心理傾向は、多かれ少なかれ、誰にもあるものだ。誰だって自分がかわいい。ゆえに無意識のうちに、ものごとを自分に都合よく歪めて解釈する傾向がある。

だが、ときにそれが強すぎる人がいるのだ。

人の手柄を平気で横取りする人物は、部下あるいは同僚から意見を聞いたのは覚えていても、その比重を実際よりも小さく認知しており、自分が発想した部分のほうが大きいと思いこんでいるのである。人から聞いたということ自体を忘れてしまうことさえある。

人に責任をなすりつける人物は、自分に都合の悪い記憶を抑圧し、忘れてしまい、ほんとうに自分は指示などしていない、あるいは自分は何も聞いていない、と思いこんでいるのである。

❖自己愛が過剰な人は認知構造に偏りをもつ

自己愛は誰にもあるものだが、自分がかわいいという気持ちが強すぎる自己愛過剰人間は、見苦しいほどに人の手柄を横取りしたり、人に責任をなすりつけたりする。

そのようなことをしている自分の見苦しさを意識したら、とてもじゃないけれど自尊心をたもてない。

そこで、自己愛過剰な人物は、みっともないと思ったり気まずくなったりしないですむように、認知システムが自己防衛的に歪んでいるのである。

そのため本人は、悪びれることなく涼《すず》しい顔をしていられるのだ。

先述の手柄を盗む同僚の事例でいえば、仲間のアイデアだということは認知システムには取りこまれず、本人のなかでは、仲間といっしょに話しているときに出てきたアイデアだというような認知になっている。

そこに利己的帰属がさらに働いて、いっしょに話していた自分が関与する形で生みだされたアイデアだ、といった認知になる。たとえそうであっても共同の産物なわけだが、ここにまた利己的帰属が働いて、自分の貢献のほうを過大視する。

本人の心のなかでは、事実が大きく歪められて、このような姿になっているため、悪びれることもなく、平気で人の手柄を奪うことができるのである。

手柄を横取りする人のトリセツ

このようなタイプとかかわる際は、「そんなえげつないことが、なぜ平気でできるんだ」

「あり得ない」などと思っても、相手の行動パターンが変わることはないし、こっちはイライラして心のエネルギーを消耗するだけだ。ひどいことが平気でできる人間なのだ、ということをふまえて、くれぐれも用心深くつきあうしかない。

このような相手に文句をいったとしても、むこうは自分は特別といった意識が強く、人の手柄を自分の手柄にすることに罪悪感がないので、なんの効き目もない。しかも、利己的帰属により本気で自分の手柄だと信じこんでいる。

そのため、文句をつけても「なにいってるの？」という感じで、イチャモンをつけられたかのようにとられるだけで、こっちの言い分などまったく通じない。

病的に自分が好きなこうした人と争うのは、エネルギーの不毛な消耗である。いくら文句をいったところで、こうした相手に反省させるのは無理だし、その行動パターンを変えさせることもできない。ますます面倒なことになり、疲れるだけだ。

このような人物に対しては、とにかく適度に距離をおき、必要最低限のかかわりにとどめることが大切だ。

また、予防策を講じることも必要だ。

手柄を横取りされないような対策をとっておくことは、こちらがイライラして人間関係をこじらせたり、仕事に支障をきたしたりしないためにも必須といえる。

たとえば、口頭で意見を求められたり、アイデア交換をしたりした際には、そのやりとりを記したメールで確認しながら証拠を残す。CCで関係者にわかるようにしておくのも効果的だ。このように対策しても相手の行動は変わらないかもしれない。しかし、関係者が知っていてくれると思うだけでも気持ちが楽になるだろう。

相手が上司の場合は、意見やアイデアをだし惜《お》しみするわけにもいかないだろうし、書類作成で手を抜くこともできないだろうが、誰もが同じような目にあうわけだから、そのうち評判は広まっていくものである。

とにかく、人の手柄を平気で盗めるような人物には「認知構造の歪み」があることを念頭においておき、いたずらに考えすぎて心のエネルギーを消耗しないようにしたい。相手の心理メカニズムがわかれば、ストレスの度合いも減るはずだ。

タイプ4

すぐ怒り、怒鳴り散らす人

つねにピリピリした空気を醸《かも》しだしている人がいる。ふだんは機嫌がよくても、ちょっとしたことで、怒りを爆発させる人もいる。いずれにしても、すぐに怒りだす人は場の空気を壊すし、職場の空気を張りつめた感じにしがちだ。

そのような人物を相手にするときは、どうしても気をつかって疲れる。むこうがピリピリしていると、感じが悪いためこっちも嫌な気分になり、衝突しがちだ。職場では仕事自体のストレスもあるのに、そうした人間関係のストレスも加わると心理的にかなり負担になる。

とくに気の弱い人は、怒鳴られるとビクッとして心臓がバクバクしてくるので、すぐに怒鳴りだす人物を前にすると、気持ちが委縮《いしゅく》してしまう。日常的に怒鳴る横暴な上司のことを思いだすだけで気が重くなり、出社したくなくなるという人さえいるほどだ。

そこまでではなくても、すぐに怒りだす人物がいると、職場の雰囲気が非常に悪くなる。

❖ちょっと質問しただけでカッとなる上司

このタイプが上司だと、とにかく厄介だ。

上司から呼ばれ、「今度の会議で提案したいことがあるのだが」といわれ、提案内容についての説明を受けた。

「どう思う?　率直な意見を聞かせてくれ」

というので、ちょっと疑問に感じる点があり、そのまま進めるのはリスクがあると思ったため、それに関して質問したら、

「オレの提案にケチをつけるのか!」

と真っ赤な顔になって怒りだす。そこで、ケチをつけたわけではなくて、ちょっと危ないなと思う点があったので、そこを修正すれば安心して進められるのではないかと思ったのだと説明しても、

「危ないとはなんだ！」

「修正しろだと！　何様のつもりだ！」

などと怒りが収まらない。いったん怒りだしたら冷静に聞く耳をもたず、険悪な雰囲気になる。「率直な意見を聞かせてくれ」という言葉を真に受けたのが間違いなのだ。

あるいは、上司から指示を受けたのだが、一気にまくし立てられたため十分に理解できず、確認のために聞き返すと、

「どういうつもりだ、私の指示に従えないっていうのか！」

と怒りだす。そういうことではなく、ちゃんと理解できなかったから確認しようと思ったのだと説明しても、

「私の説明は、そんなにわかりにくいか！」

と怒りが収まらない。怒りだしたら、なにをいってもムダである。どう説明しても、徒労に終わる。

このような上司だと、どんなことで怒りだすかわからないため、たえず緊張していなければならず、気が休まらない。

❖すぐに被害者意識をいだく同僚

すぐに怒りだしてややこしいという人物は上司に限らない。このタイプの部下や後輩、あるいは同僚がいても相当に厄介だ。

顧客への対応が乱暴なため、

「もう少し相手の気持ちに寄り添って対応してね」

と先輩からいわれると、その場では「わかりました」と返答するものの、先輩が立ち去ったとたんに、

「こっちだって一所懸命やってるのに、ひどくない？　ああいうふうに、いつも人にケチをつけて、嫌な先輩だよね」

などと攻撃的になる。どう見ても先輩のいうことが正しいのに、自分を振り返らずに逆《さか》恨《うら》みばかりする。

いたらないところだらけだし、いちいち自分を振り返ったら自分が嫌になるから、自己防衛のために振り返らないのかもしれないと思うものの、このタイプと話していると、こっちまでイライラしてくる。

このタイプは、自分がクレーマー的なくせに、人のことをクレーマーじゃないかといったりする。客からクレームを受けて、客観的に聞いていると客の言い分は「なるほど」と納得のいくものなのに、客が立ち去ると、

「なに、あの客。くだらない文句つけてきて、もう信じられない。クレーマーだね」

などといいだす。どうみても客の言い分のほうが正しいし、「あんたがクレーマーだろうに」といいたくなる。

この種の人物は、自分が客の立場になると、これがまた厄介なことになる。

飲食店で気持ちよく食事していたのに、ちょっと無理な注文をして断られると、急に不

機嫌になり、店を出てから、

「あの店員、態度悪いよね。私たちのこと見下してる感じだったでしょ。やっぱり許せない、ちょっと文句いってくる」

と息巻いて店にもどろうとする。

「そんなことないよ」

といくら宥《なだ》めても、怒りだしたらもう手がつけられない。店で文句をいっている同僚の横で「すみません」という感じで店員に頭を下げ、引っ張るように店を出る。

❖思いどおりにならないと怒りだす

このタイプの特徴は、思いどおりにならないと怒りだすところにある。

自分が期待するような反応を相手が示さないとき、先に示したいくつかの事例のような感じで怒りだす。

相手からすれば、なぜ質問をしただけで怒りだすのかわからない、なぜ確認しようとしただけで怒るのかわからない、当然の対応をしただけなのになぜ怒るのかわからない——

ということになるが、本人は自分がおかしいとは思っていない。自分が怒るのは当然だと信じこんでいる。

どうしてそんな勘違いをするのかといえば、「相手の立場に想像力を働かせることができない」からだ。なぜ相手がそのような反応をしてきたのかを想像することができない。根っからの自己チューなのである。

相手の視点に立ってみることを「視点取得《してんしゅとく》」という。人によって立場が違うから、同じ出来事でも見え方が違うはずである。そこで、ふつうは、相手の言葉について、どういうつもりでいったのかを想像してみる。

そうすると、もしかしたらこっちのいうことをちゃんと理解できなかったから、確認したくて聞いたのかなと思えてくる。あるいは、こっちの提案について、弱い点をもっと強化しようと思って意見をいってくれたのかなと思えてくる。

ところが、この種の人物は、そのように相手の視点に想像力を働かせることがなく、自分の視点でしかものを考えられないため、誤解をして怒りだすことになる。

こっちの指示に対して「わかりました」という返事を期待していたのに、聞き返してきた。「それはいいアイデアですね。そうしましょう」と賛同するものと思っていたのに、疑問をぶつけてきた。「どういうことなんだ！　けしからん！」ということになる。

そこには、自分の視点しかない。視点取得ができないのだ。つまり、相手の立場や意図に想像力を働かせる習慣が欠落しているのである。だから、相手の真意を曲解《きょくかい》する。それで、しょっちゅう腹を立てることになる。

❖「劣等コンプレックス」を抱えている

このタイプは、「劣等コンプレックス」を抱えていることが多い。

劣等コンプレックスを抱えていると、ちょっとしたことで感情的になり、興奮したり、僻《ひが》んだり、人を敵視したりすることになりやすい。

劣等コンプレックスは、心のなかの無意識層で威力を発揮するため、本人も自覚していない。だが、反応の仕方が不自然であったり理不尽《りふじん》であったりすることから、周囲の人は劣等コンプレックスの存在に薄々気づいている。

周囲の人たちからすれば、なんでそんなことで怒るのかわからないということになるが、本人は「見下された」「バカにされた」「軽く見られた」などと、本気で思っているのである。そこには、他人の言動の意味を曲解する認知の歪《ゆが》みが作用している。

見下され不安が強く、「見下されるのではないか」「軽く見られるのではないか」といった思いがあるため、相手が期待していたような反応をしてくれないと、すぐに「バカにされた」「軽んじられた」と思いこむのである。

怒りっぽいのも、「バカにされはしないか」「軽んぜられないようにしないと」といった思いが強く、たえず虚勢を張っていないといけないためといえる。虚勢を張って自分を強大に見せようとして、つい乱暴な言い方、強引な言い方をしてしまうのだ。それが相手に面倒くささを感じさせるのである。

劣等コンプレックスに駆られると、それを覆《おお》い隠そうとする心の動きが生じ、自分を実際以上に大きく見せようとして大げさになる。自慢話が多くなるのもそのためだが、人のちょっとした言動がコンプレックスに触れ、突如《とつじょ》として怒りだしたりすることにもなりがちだ。

❖「敵意帰属バイアス」により怒りだす

自信がなく、相手から「バカにされるのではないか」「軽んぜられるのでは」と思っていると、人の言動が実際以上に自分を低く見ているように感じやすい。

初対面の人と会話をしたあとで、お互いに相手の印象を評価し、さらに相手は自分のことをどのように評価したかを推測させる――という心理学の実験がある。

その結果を見ると、自己評価が高い人は、相手からどう評価されているかをほぼ正確に推測することができた。ところが、自己評価が低い人は、相手からの評価を実際より低く見積もる傾向が見られた。たとえば、けっしてバカにされたりしていないのに、バカにされたと思いこんだりしやすいのだ。

このことからわかるのは、ちょっとしたことですぐに怒りだす人は、自信のない人だということである。心のなかに自信のなさを抱え、それを見抜かれたらまずいといった不安を抱えている。そのため、他人の視線を否定的なものと曲解してしまうのだ。

怒りっぽい人、なにかと敵対的姿勢を見せる人は、認知が歪んでいるのである。相手の言動の意味を解釈する手がかりの受けとめ方が歪んでいる。そこに働いているのが、「敵意帰属バイアス」だ。敵意帰属バイアスによって相手の真意を取り違えるのである。

敵意帰属バイアスとは、ふつうなら悪い意味にとらない言動にも、勝手に悪意を汲み取ってしまう認知の歪みのことである。

敵意帰属バイアスのせいで、相手の何げない言葉にも敵意を勝手に読み取り、攻撃的な反応を示す。そして、相手の好意にもとづく言動にさえ、「バカにしてる」「見下してる」などと挑発性を感じとり、怒りだすことになる。

すぐ怒りだす人のトリセツ

このタイプは、劣等コンプレックスを抱えていることが多い。自慢話が多かったり、偉そうな態度をとったりする場合、劣等コンプレックスが強いと見て、まず間違いない。

そのような相手に対しては、そのコンプレックスに触れる話題は禁物なので、注意が必要だ。

ここで「劣等感」と「劣等コンプレックス」の違いをふまえておく必要がある。

たとえば、太っていて自分の体型に関して劣等感があっても、体型の話題に嫌悪感を示さず、楽しげに話に参加し、むしろ自分が太っていることをネタにして笑いをとったりする人は、それほど強い劣等コンプレックスを抱えているとは思えない。

危ないのは、太っていて、体型についての話題になると黙りこんだり、スッと席をはずして話の輪から逃げだしたり、スタイルのよい人のことをみんなが賞賛しているときに、敵意を剝きだしにして嫌みをいったりする人だ。

その場合、かなり強い劣等コンプレックスを抱えていると見て間違いない。当然、そのような人に対して、体型の話題をもちだすのは禁物だ。

要するに、なんらかの点で自分が人より劣っているのを自覚し、受け入れている場合は、単なる劣等感にすぎない。だが、その劣等性を冷静に受け入れることができず、なんとかごまかしたいと心のなかで抵抗している場合、それは劣等コンプレックスとなり、なにかと感情的な反応を示すことになりやすい。

日頃のつきあいのなかで、反応を観察し、劣等コンプレックスを抱えていそうな場合は、どんな劣等感がコンプレックスを形成しているのかの見当をつけ、いたずらに刺激しないように心がけたい。

たとえば、体型が劣等コンプレックスを形成している場合は、スタイルの話題になると黙りこんだり、逆にムキになったりして、不自然な感じになる。また、スタイルのよい人に対して批判的なことをいったりしがちである。そのような反応が目立つなら、体型が劣等コンプレックスを形成していると見てよいだろう。

学歴が劣等コンプレックスを形成している場合は、学歴に関する話題になるとやたら感情的になったり、学歴の高い人に対して攻撃的になったりしやすい。学歴が高い人のことをこき下ろすような言動が目立ったり、学歴の高い人のスキャンダルに異常に興味を示したりするようなら、学歴コンプレックスを抱えていると見て間違いないだろう。

このようなタイプから攻撃されたときは、まともに反応しないことが大切である。しっかり向き合って話せば気持ちは通じると思いがちだが、このタイプと率直につきあうのは難しい。コンプレックスというのは無意識のうちに本人に影響を与え、本人も意識していないため、自分が見苦しい姿をさらしていることに気づかない。

嫌みをいわれるなど攻撃的な言動で嫌な思いをするかもしれないが、むこうは劣等コンプレックスに苦しんでいるのだと思えば、多少の我慢はできるはずだ。「かわいそうな人だ」と同情心さえ湧いてくるのではないか。


なにかのすれ違いが生じ、関係がこじれた場合も、「そんなつもりじゃない」といくらていねいに説明したところで、むこうは認知が歪んでいるのだから、まともに受けとめてくれない。悲しいことだが、「言い訳をしてる」「誤魔化そうとしてる」「こっちはちゃんと見抜いてるんだぞ」などと思うだけである。

ゆえに、誤解を解こうとしたところで、どうせわかってもらえないのだから、あまり巻きこまれないように、適度に距離をおき、淡々としていることが大切となる。

なにしろ相手は、友好的に笑いかけても「バカにして笑った」「余裕を見せつけてきた」などと曲解し、ますます怒りだすような人物。関係を修復しようと思って努力するのはムダと心得て、被害を最小限に食い止めることだけを考えて、淡々といくしかない。

タイプ5

やたら自己アピールしたがる人

このところ多くの職場で目立つようになってきたのが、自己アピールが異常に強い人物である。

グローバル化といわれ、欧米流の自己アピールが学校教育でも推奨されるようになってきたことも関係しているのだろう。

では、やたら自己アピールする人がなぜ面倒くさいのか。そこには文化的要因が深くかかわっている。

❖欧米では違和感のない態度も、日本では引っかかる

私たち日本人は、謙虚《けんきょ》さを美徳とする文化のなかで育ったため、自己アピールが苦手だ。人からほめられれば嬉しいものの、気恥ずかしさもあり、謙遜《けんそん》せずにいられない。

なにかで実力を発揮して、周囲から賞賛されたとき、心のなかでは「よし、やったぁ！」と有頂天な気持ちになったとしても、頑張っても成果をだせなかった人たちの傷ついている気持ちを思いやって、

「今回は、たまたまうまくいきました。運も味方してくれたと思います」

「仲間に恵まれました。皆さんのサポートのおかげです」

などと、謙虚な姿勢を示す。なにかで成果をだして、

「すごいことですね」

と讃《たた》えられ、跳びあがるほど嬉しくても、「ここで天狗になってはいけない」という抑制が働いて、

「ありがとうございます。でも、まだ力不足です。もっと頑張らなくてはと思います」

というように、謙虚さを示すと同時に、今後のさらなる精進を誓う。スポーツで優勝した選手、栄誉ある賞を獲得した学者や芸能人たちのインタビューを見ても、誰もが謙虚な姿勢を示す。それがまた好感度を高める。

近頃では、グローバル化の流れのなかで欧米文化の影響もあって、自己アピールが大切だといわれるようになった。学校教育でも自己アピールが奨励《しょうれい》され、推薦入試の面接や就職活動の対策のために、自己アピールの訓練がおこなわれたりしている。

そんな時代になっても、私たち日本人の心のなかには、謙虚さを美徳とする文化的規範が刻まれており、あからさまな自己アピールには見苦しさを感じざるをえない。

欧米社会なら、成果をだした人物が自分のすごさをアピールしても、なんの違和感もない。だが、文化が違えばしゃべる言語が異なるように、人々の心のあり方も違う。

そのあたりの事情をわかっていない人がいる。

❖「それ、私がやりました」といちいちアピール

職場にはさまざまな仕事が錯綜《さくそう》しており、どの作業を誰がやったというような細々《こまごま》とし

た分担などについては上司にはわからないことが多い。それでも、個人主義が徹底している欧米と違って、日本の職場では分担がはっきりしないまま、お互いにカバーし合いながら仕事を進めたり、共同で作業を進めたりすることが多い。

それなのに、

「それ、私がやりました」

などと、いちいち上司にアピールする人がいる。

それが大きな成果であれば、みんなの成果みたいに思われて埋もれてしまうのは我慢できないだろうし、その場合は周囲の誰かが伝えるなどして、上司にも自然にわかってもらえるはずだ。

でも、どうっていうことのない作業、誰もがルーティンのようにこなしている仕事に関して、それは自分がしたのだとアピールする姿は、どうしても見苦しく感じてしまう。そこまでいちいち自己アピールしなくてもいいだろうに……と思ってしまう。

みんなでアイデアをだし合い、それをもとに話し合って、チームとしてのアイデアをまとめたときも、会う人ごとに、

「あれ、元々は私のアイデアなんです」

と吹聴《ふいちょう》してまわる人がいる。本人は得意な気持ちになっているのだろうが、周囲の人たちは、そこに人格の未熟さを感じてしまう。そういうことは、ごく内輪の人物にいえばよくて、自分から言い触らさなくても、自然に伝わっていくものだ。

❖できない仕事でも「できます」「大丈夫です」

新たなプロジェクトを立ち上げることになり、各部内でふさわしい人物がいたらプロジェクトチームの候補者として推薦するということになった。その際に、どう見ても実力不足なのに、

「私、やりたいです。私を推薦してください」

などといいだす人がいる。はるかに適切な先輩がいても、そんなことはお構いなしに自己アピールする。つねに自分を売り込むのに必死な感じが伝わってくる。

その人物の実力不足は、上司もふくめてみんなわかっているため、周囲から、実力や適性からしてよりふさわしい人物を推薦する声があがっても、

「私、そういう仕事、得意だと思うんですけど」

などと食いさがる。けっきょく、「まだ力不足だから今回は諦めてほしい」と上司にはっきりいわせることになり、かわいそうに上司も気まずそうな感じになる。

上司から仕事を振られる際にも、

「○○さん、これできますか？」

と聞かれて、できるわけがないのに、

「できます、大丈夫です」

と引き受けるのにも呆《あき》れる。まったく悪びれた様子もなく、結局、知識もスキルもないため自分ではできず、周囲が手伝うことになる。それなのに、いかにも自分がやったかのように上司に持っていく。いつもそうなので、周囲のイライラはつのるばかりだ。

❖「承認欲求」がすこぶる強い

なにかにつけて自己アピールせずにいられない。このような人物に漂うのは、異常に強い「承認欲求《しょうにんよっきゅう》」だ。

なんでそこまで自己アピールするのだとイライラさせられ、呆れるのを通り越して怒りさえ感じるかもしれないが、このタイプにはかわいそうな心理的背景があるのだ。

なぜ、承認欲求がそれほど強いのかといえば、これまでに人から認められる経験に乏しいからなのだ。満たされない欲求が、人間を駆りたてるのである。

自己実現理論で有名な心理学者マズローは、欲求の階層説を打ちだした人物としてビジネスの世界でも広く知られる。

かつては禁欲主義のように、欲求は抑えるべきといった考え方が強かったが、マズローは欲求は満たすべきだと考えた。そして「満たされない欲求が人間をおかしな行動に駆りたてる」としたのである。

たとえば、貧しくて食べ物もろくに手に入れられない状況では、生理的欲求が満たされないため、盗んでまで食べようということになったりする。食欲が満たされていれば、食べ物を盗む必要はない。

愛と所属の欲求、つまり誰かから愛されたい、自分の居場所となる仲間集団がほしいという欲求が満たされないと、親しい相手を探すのに夢中だったり、心を支え合うような人間関係がないために不安定になりがちだったりして、勉強や仕事といった本来すべきことに集中できなくなる。

だが、自分を大切に思ってくれる人がいたり、気心の知れた仲間がいたりすれば、落ち着いて勉強や仕事に専念することができる。

それと同様に、承認欲求が満たされていれば、見苦しいほどに自己アピールする必要はない。むしろ、承認欲求が満たされている人は、目立つと妬《ねた》まれることを知っているので、自分の有能さをアピールしないように気をつけるものだ。

これまでの人生で、成果をだして認められるといった経験が乏しいからこそ、満たされない承認欲求に駆りたてられて、見苦しいまでの自己アピールをしてしまうのである。

❖いまの若手は「自己アピールの教育」を受けている

どの職場でも、いまどきの若手の自己アピールの強さが話題になる。

「最近の新人は、自己アピールが強くて困る」というように否定的にとらえる人もいれば、

「最近の新人は、自己アピールが上手だ」というように肯定的にとらえる人もいるが、いずれにしても自己アピールの強さが目立つ。

評価がわかれるのは、自己アピールが適切かどうかによるのだろう。仕事を割りふろうとする際に、遠慮しすぎてなにもいわない人物よりも、どんな仕事が自分に向いているかをアピールする人物のほうが、適性に合わせた割りふりがしやすい。

だが、先ほどの例のように、実力に見合わない自己アピールをしてくるようだと困ってしまう。

自己アピールに慣れていない上の世代からすれば、やたら自己アピールをする若い世代に違和感があり、ときに反感をもつこともあるだろう。だが、受けている教育が違うのだということは覚えておきたい。

いまどきの若者は、学校時代に「自己アピールをするように」といった教育を受けているため、自己アピールをすることにあまり見苦しさを感じない人物が少なくないのだ。ゆえに、あまり目くじらを立てないことだ。

❖実力不足の人は、自分の能力の低さに気づく能力も低い

あきらかに実力不足なのに、実力十分の先輩を差しおいてプロジェクトチームのメンバーに立候補する例をあげたが、実力がないのに自己アピールの強いそのような人物の場合、本人は自分の実力のなさに気づいていないこともある。だから、自分はできると本気で思っていたりする。なぜ、そんなバカげた思いこみをするのかと不思議に思うかもしれない。

その謎に答えてくれるのが、心理学者のダニングとクルーガーによる実験だ。彼らは、いくつかの能力を測定するテストをおこない、同時に自分の成績を推測させた。その結果「能力の低い人ほど、自分の能力を過大評価する傾向が強い」ということが示された。

このように、能力の低い人ほど自分の能力を著しく過大評価し、逆に能力のとくに高い人は自分の能力を過小評価する傾向があることを「ダニング＝クルーガー効果」ともいう。

ここからわかるのは、能力の低い人は、単になにかをする能力が低いだけでなく、自己認知能力も低い、つまり「自分の能力が低いことに気づく能力も低い」ということである。

まさにこのことが、仕事のできない人ほど自分の危機的状況を自覚していないことの理

由といえる。

まだまだ力不足なのに、なぜプロジェクトメンバーの募集に当たって、自分を売りこんだりできるのか、その無神経さが理解できないという人もいるが、その仕事をするには力不足だという自分の現状に気づくことができないため、平気で立候補したりしてしまうわけだ。つまり、自己認知能力が低いため、実力に見合わない自己アピールをしてしまう。

世にはびこる「薄っぺらいのに自信満々な人」は、このような心理メカニズムで動いているのである。

❖図々しい自己アピールをする人

周囲の人たちにとって、なんとも腹立たしいのが、ズルい自己アピールだ。

上司から、

「これ、できますか？」

と聞かれると、できないくせに、

「できます、大丈夫です」

と自己アピールしながら安請《う》け合いする。本人にそんな知識もスキルもないのは、現場でいっしょに仕事している仲間にはバレバレであるにもかかわらず、いかにもできそうな自己アピールをするのだ。

結局、本人はできないため、仲間にふったり、

「ちょっと教えて」

などと、図々しいことをいいだしたりする。仲間に教えるのは嫌なわけではないが、こっちが手助けしてあげても、上司は本人がやったと思いこんでいるのが納得いかない。「あの人には、そんな仕事できませんよ」と上司にいうのも、告げ口みたいで嫌らしい。誰もいわないため、本人はそれをいいことにつけあがっている。

でも、なぜそこまでズルいことができるのか。それは、本人が分不相応《ぶんふそうおう》な承認欲求を抱えているからである。そうなると、まともなやり方では人から認められない。その満たされない承認欲求が、えげつない自己アピールに駆りたてるのだ。

そうした心理メカニズムからすると、怒りよりも同情心を向けるべき相手ということになる。

自己アピールしたがる人のトリセツ

このように考えると、やたら自己アピールしたがる人物は、同情すべき相手だということがわかるだろう。承認欲求がなかなか満たされず、自信がなく、不安なため、つい必要以上に自己アピールしてしまうのだ。

そんな自分の見苦しさに気づかないほどに強烈な承認欲求に駆りたてられているのである。「ほんとうはとてもかわいそうな人なのだ」ということを念頭においておけば、イライラも軽減するはずだ。

また、自己アピールが自然な世代なのだと割りきって、自己アピールをことごとく否定的に見ないようにすることも必要だろう。自己形成の過程で、吸ってきた時代の空気が違うのだ。

謙虚さをよしとする世代からすれば鬱陶《うっとう》しいし、見苦しいかもしれない。だが、自己アピールすべしといった時代の空気を吸い、そのような教育を受けてきた世代なのだと自分に言い聞かせることで、自己アピール世代のよい面も見えてくるはずだ。

さらには、自己アピールを積極的なチャレンジに活かすように導くことも大切である。承認欲求に駆りたてられているわけだから、認められたいという思いが強い。そこをうまく刺激すれば、承認欲求がさしてなく適当に働いている人物よりも、戦力として鍛えあげることができるかもしれない。

たとえば、仕事力を高めるために、いまの実力ではやや難しそうな課題をあえて与えたり、これまで経験していない課題を与えたりして、成長を促すのである。

ただし、いくら自己アピールに寛容《かんよう》な心をもつとしても、控えめで謙虚な人が損をしたり不満をもったりしないように配慮することも必要だ。不公平感がつのると、職場にとっては損失だし、自己アピールの強い人物に対しても攻撃的な感情が湧きやすい。

時代は変わっても、私たち日本人の心の根底には、謙虚さを美徳とする文化的伝統が刻まれていることを忘れないようにしたい。

タイプ6
責任逃ればかり考えている人

自分の責任になるのではないかと、たえず責任の所在ばかりを気にしている人がいる。

「私は関係ないですよ」

「いいだしたのは○○さんです。私じゃありません」

などと、責任逃れの言葉が目立つ。人から意見を求められても、けっして自分の考えを述べることはせずに、

「みなさんは、どうしたいと思ってるんですか？」

と切り返し、徹底して保身に走る。

このようなタイプとは率直に語り合うのは不可能だ。けっして本音をあらわさない。あんなふうに自分を隠して生きていて、はたして楽しいのだろうか？　といった疑問さえわいてくる。

❖規則や前例に縛られている上司

このようなタイプが上司だと、なにか思いついたアイデアがあり、それを実行に移したいと思っても、なかなか話が進まず、イライラしてくる。

業績が悪く、このままルーティンをこなしているだけではダメだと思い、新たな営業の仕方を上司に提案したところ、

「せっかく知恵を絞ってくれたのは嬉しいのだが、こういうやり方をした前例は聞いたことがないからねえ。ちょっと難しいなあ」

などと躊躇《ちゅうちょ》する。「ちょっと難しいなあ」の根拠が、その手法自体の問題でなく、「前例がない」ということなのだ。前例がないからこそ新たなチャレンジなんじゃないか！　と

反発したくなるが、イライラしてもしようがないので、

「前例がないからこそ、現状を打破する力になる可能性があるんじゃないかと思ったんですけど……」

と押してみるのだが、

「前例がないことをするのは危ないんだよな。なにかあったら責任問題になるから」

といって、取り合ってもらえない。

保身的な人物には、チャレンジ精神など微塵《みじん》もない。加点法でなく減点法の発想で生きているため、なんとしても失敗だけは避けたい。結局、なにかあったときに、自分の責任を問われるのを恐れているのだ。失敗を避けるには、新たなこと、つまり前例のないことはしないほうがいいということになる。

自分の責任で事を進める勇気がないのだ。このような上司のもとでは、モチベーションを上げるのが難しい。だが、組織はなにかと減点法で動き、失敗した際には、その責任を追及することになりがちだ。ゆえに、この種の保身的な人物ばかりが守られ、管理職に上がっていくことが多いので厄介なのだ。

❖人に責任を負わせようとする同僚

責任逃ればかり考えるのは、なにも上司にかぎらない。責任の所在ばかりを気にする同僚にもイライラさせられる。なにを話すにも、実質的な内容よりも責任の所在ばかりを気にしているため、話がちっとも深まらないし、前に進まない。

組織の方針がおかしな方向にむかっている、これではまずいから修正しないといけない、近いうちに上司に相談にいこう——といった話を仲間たちでしていると、

「私は関係ありませんからね。私は聞かなかったことにします」

といって立ち去る。組織の方針に楯突《たてつ》くようなことになって、責任を問われたらまずいと思っているのだろう。みんなで組織の改善を考えているときに、自分だけは守られる立場に身をおこうとする姿勢に反吐《へど》が出るが、案外、その手の人物が生き残ったりするから嫌になる。

もっとズルいのは、万一の場合に自分が責任を問われないように、いいたいことを他人《ひと》

にいわせようとする人物だ。大騒ぎをして周囲を焚《た》きつけ、自分のいいたいことを誰かにいわせようとする。

「今度の会議にこんな議案が提出されるんだけど、こんなのが通ったら現場は大混乱ですよ。現場を知らないから、経営陣はこんなことを考えるんですね。現場の実情を説明して、なんとしても阻止しないと」

などと息巻いており、いかに大変なことになるかをアピールする。それは困るだろうなと思い、会議で現場の実情を説明しながら反対意見を述べ、その人物が追随《ついずい》するのを待つのだが、いっこうに発言する気配はない。ずっと下を向いて黙っている。

だが、結果として、議案は通過となり、反対意見を述べた自分だけが上から睨まれることになる。

そんなことがあったため、つぎにまたその人物が騒ぎたてた際に、

「自分でいってくださいよ」

というと、

「私は口べたで説得力がなくて。議論は苦手だから、ぜひ口火を切ってくださいよ」

というので、仕方なく会議の場で議案に関する疑問点を指摘して、その人物の応援を待ったが、またしても下を向いて黙っている。指摘に賛同する声が多く出てきたら発言し、そうでなければ黙っているつもりであることがわかってくる。

しかも、会議室を出るときに、

「まさか、あんな議案が通るとは思いませんでしたね」

などといいだす。「あんたも反対しなかっただろう。いい加減にしろ！」と苛立《いらだ》ってくる。

責任逃ればかり考えているだけでも厄介なのに、この種のズルいタイプもいるから、ほんとうに面倒くさい。

❖「自己防衛意識」がとにかく強い

このタイプの言動をつらぬいているのは、なんとしても身を守ろうとする強烈な自己防衛意識である。そのためなら、どんなにカッコ悪い姿をさらすことになっても構わない。カッコつけるよりも身の安全を守ることのほうが、このタイプにとっては、はるかに重要なのである。

ゆえに、たえず上役の顔色をうかがい、機嫌を損《そこ》なわないように細心の注意を払っている。ふだんの口癖にその人の深層心理があらわれるものだが、同僚に対する口癖からも、自己防衛意識の強さがうかがえる。

「そんなことをしたら、上から睨まれるよ」

「僕はやめとくよ。睨まれたくないから」

など、「上から睨まれる」「上から睨まれたくない」といった言葉がやたら目立つ。

なぜそこまで自己防衛意識が強いのかといえば、自分の実力に自信がないからだ。自分に自信があれば、もう少し堂々と生きるスタイルをとれるはずだ。誰だって、カッコ悪いよりカッコいいほうがいいに決まってる。

でも、これまでの人生において、勉強でも、スポーツでも、仕事でも、自信をもてるような経験をしてこなかったため、なにをするにしても、どうしても自信がもてない。実力勝負の生き方をつらぬく覚悟ができない。だから保身によって、なんとか無事に生きていくしかないわけだ。

そこで、力を発揮し、成果をだすことで得点を狙うより、よけいなことをして失点するのを防ぐことで、身を守ろうとすることになる。

これからの先の見えない時代には、予測できないことが多く、失敗を恐れずにチャレンジする姿勢が求められるので、このタイプは無用の長物《ちょうぶつ》になっていくに違いない。そう願いたい。

だが、いまだに取り入ってくる人に弱い上司や、失敗を恐れ無難さを求める上司もけっして少数派ではないため、このタイプが堂々と棲息《せいそく》しつづけている。だから厄介なのだ。

❖責任もって自己判断するのを避ける

この種の人物は、万一失敗をして責任を問われることを異常に恐れるあまり、なにかにつけて自分の責任で判断することを避けようとする。

わざわざ口にしなくてもよい場面で、

「あなたがいいだしたんですよ」

「私がいいだしたんじゃないですからね、念のためいっておきますけど」

などというので、こっちはべつに人のせいになどするつもりはないし、鬱陶しくなり、「いちいちうるさいな、この卑怯《ひきょう》者めが！」とどつきたくなるのを必死に抑えつつ、

「わかってますよ、あなたには一切責任はありませんよ」

といいながら、なんて器の小さな人間なんだと呆《あき》れる。

それなのに、こういうタイプは失点が少ないために、身を守られるところがまた腹立たしい。

現場での判断が必要な場面になると、スーッと姿を消し、事が決まる頃にあらわれて、

「どうなった？」

と聞いてくる。あとになって、その判断がまずかったということになると、自分は関係ないといった態度をとる。上司に対して、

「私はその件にはいっさい関与していないので、まったく事情がわからないんです」

などと、自分には責任がないとアピールするのに余念《よねん》がない。

なんでこんなヤツが評価されるのか、人事評価の仕方があまりにもおかしいではないかと文句をいいたくなる。そんな思いに襲われる人が、どんな職場にもいるはずだ。

責任逃れする人のトリセツ

このタイプが上司の場合、物事を進める際には、「とにかく責任を追及されるようなことにはならないはずだ」ということを強調し、安心させることが大切だ。

その際に重要なのは、前例を探すこと。前例がありさえすれば安心してゴーサインをだしてくれやすい。似たような例でもいいから、前例に相当するものがないかどうか探してみることだ。

そして、なにか許可をもらう際、むこうが承諾を渋るときには、

「私の責任ということで結構ですので。けっしてご迷惑をお掛けするようなことにはしませんので、すみませんがよろしくお願いします」

と責任はこちらがもつということを念押ししながら丁重《ていちょう》に頼むのがよい。

ただし、このタイプは自分が自信がないだけに、堂々と正攻法で生きている人物に対して、内心では引け目を感じ、ときに脅威を感じていたりもする。ゆえに、負い目を刺激しないようにしたい。

心のなかに、上司のそのような情けなさに呆れる気持ちがあるのは仕方ないことだが、それを察知されないように注意したい。言葉の端々《はしばし》に、相手を軽んじるような雰囲気が漂わないように注意することが必要である。

また、こういうタイプの上司や先輩の場合、プライドより保身が大事であり、なにかトラブルがあったときに責任をなすりつけられ、捨て石にされかねない。したがって、適度に距離をおいておくことが大切となる。

「なにかあれば私が責任をとるから、思いきってやってくれ」などという上司や先輩は、テレビドラマの世界ではよく見るものの、残念なことだが、現実の世界で間近に見ることはめったにない。

いっぽう、責任逃れをする上司は、現実世界ではそこらじゅうにいる。ニュースを見ればわかるように、国を代表するような人たちでさえ責任逃ればかりしているので、自分の職場にそのような上司や先輩が目立つのも無理のないことだ。

ゆえに、責任逃ればかり考えている人物とのかかわりあいは、必要最小限にとどめておくべきだろう。お気に入りの部下や後輩になろうなどとはけっして思わないことだ。そのような人物に気に入られても、よいことより悪いことが起こる可能性のほうが高い。

このタイプの上司による指示に納得がいかないだけでなく、これでトラブルになったらまずいと思うときなどは、信頼できる先輩や他部署の上司に相談し、介入してもらうのがよいだろう。

「それ、まずいんじゃないですか。まずいことになって責任問われたら大変ですよ」

とでもいってもらえれば、本人はビビって撤回するだろう。

とくに納得のいかない指示ではなくても、こういうタイプの上司や先輩の指示で動くときなどは、万一のときに責任をなすりつけられないように、証拠を残すことが大切だ。

たとえば、本人あてに「このような指示をいただいたと思いますが、それで間違いないでしょうか」といった具合に、確認のメールをだしておく。そうした証拠があれば責任逃れができなくなるため、むやみに危ない指示をしてこなくなるはずだ。

タイプ7
自分の主張を絶対に曲げない人

自己主張が異常に強い人がいる。

ふつうは、場の雰囲気を悪化させないために、相手の話の腰を折らないように気をつかい、一方的な自己主張をしないように気をつけて、お互いに可能な点は譲歩し合うことで、良好な雰囲気を維持しようとするものだ。

ところが、相手に合わせることをせず、自分の主張を絶対に曲げない人がいる。そのような人物と話していると、ものすごい圧迫感があり、居心地が悪くなる。

ただの雑談をしていても、喧嘩腰の自己主張をしてくるので、なんだか嫌な気分になる。「そこまで自分を主張しなくてもいいだろうに。少しはこっちのいうことも聞けよ」と思い、うんざりする。

厄介なのは、人のいうことになにかとケチをつけようとするところだ。自分がいかによく気がつくか、いかに頭が働くかを周囲に示したいと思っているようなところが感じられるが、本人の意図とは違って、ただ面倒くさい人だと思われるだけなのが哀《かな》しい。

❖ログセは「それって、おかしくない？」「あり得ないでしょ」

話の流れのなかで、

「当然、そうすべきですよ」

「それ以外に選択肢はないでしょう」

というようなことは、ふつうにあることだ。だが、このタイプは、他人の意見を聞く耳をもたずに一方的な自己主張をする。

会議でも、

「それ、おかしくないですか?」

「どう見ても、こう考えるしかないと思います」

というように決めつけたいい方をするため、それに圧倒され、説得されてしまう人もいるが、よく考えてみると、なぜそういうことになるのか、その根拠が見当たらないのだ。

じつは、非常に主観的なことをいっているのだが、本人は自分の考えが絶対に正しいと思いこんでいる。

人のいうことに対して、

「でも、それって変じゃないですか?」

「ありえないでしょ」

というように、すぐに頭ごなしに否定するいい方をする。だが、じつは「変だ」とか「ありえない」ということに、ほとんど根拠がないのだ。

❖「相手の視点に立つと…」という想像力が欠けている

なぜ、そんなふうに一方的に決めつけるのかといえば、それは相手の視点に立ってみることができないからだ。

ふつうなら相手の言い分を聞き、「なるほど、そういう見方もあるんだな」「たしかにそう考えることもできるな」と理解を示すものだが、このタイプは、

「それは違います」

「絶対におかしい」

などと、頭ごなしに否定する。自分と違う考え方や感受性があるのだということに気づいていない。

自分と意見や感受性が違う人に対して、

「それはおかしい」

と否定するのも、視点が違えば物事の見え方が違ってくることをわかっていないからである。感受性が違えば、物事の感じ方が違ってくることをわかっていないからである。

強引で絶対に譲らず、人の意見を聞こうとしないのも、他の考え方や感じ方があると思っていないからである。だから、自分の考えや感受性を疑うことがない。

❖歪んだ正義感を振りかざすこともある

インターネットの時代になって、猛威をふるっているのが、歪《ゆが》んだ正義感をふりかざす人たちだが、そのなかにはこのタイプが多くふくまれる。

ネットで他人や店のことを激しい口調で攻撃している人を見ると、「なぜ、あんなに一方的に攻撃できるのだろうか？」と不思議に思わざるをえない。

人それぞれにいろんな事情があるだろうし、それは当事者でないとわからない。個人を取り巻くさまざまな要因は、他人にはうかがい知ることができないものだ。店にも店の事情があるだろう。その店の経営者や店員でないとわからない事情もあるはずだ。

それにもかかわらず、自分がもっているわずかな情報のみを根拠に、あそこまでおっぴらに攻撃してしまう単細胞さに呆れる。

もちろん、とんでもない人物もいるかもしれないし、とんでもない店もあるかもしれない。でも、事情を知ってから「許せない！」となるならよいが、詳しい事情もわからないのに「許せない！」と攻撃するのは、あまりに単細胞すぎる。

❖ものごとを多面的に捉えられない

結局、このようなタイプは「認知的複雑性」が低いのである。

認知的複雑性というのは、物事を複雑に、つまり多面的にみることができるかどうか、ということだ。認知的複雑性が低い人というのは、物事を多面的にみることができない人ということになる。

たとえば、店員と客の間でトラブルがあったとして、双方がムキになって言い合っていたとしたら、柔軟性のある人は、それぞれの視点からして腹が立つようなことがあったのだろうと思い、双方の言い分に耳を傾け、それぞれの誤解を解き、相互理解に歩み寄れるように働きかけようとするだろう。

だが、認知的複雑性の低い人だと、店員は商売をして利益を得ているのだから、なにがあっても我慢すべきなのに、我慢が足りないとして店員を悪者にしたり、服装やしゃべり方からして客がおかしな人物なのだと決めつけて、客を悪者にしたりする。

認知的に単純な人ほど白黒つけたがる。物事にはいろいろな事情が絡んでいるということがわからないため、一面的に決めつけようとする。きわめて単細胞なのである。

このようなタイプは、認知的複雑性が低く、物事を一面的にしか見ることができない。つまり自分の見方だけしか眼中にないため、自分の主張が絶対に正しいと思うことができるのである。だから一方的な自己主張をし、自分の主張を絶対に曲げない。

❖複数の視点を統合することが苦手

いろいろな視点があるということに想像力が働かないだけでなく、複数の視点を統合するということもできない。そのため、仲良くしていたはずなのに、突然、態度が冷たくなるというようなことも起こってくる。

誰かからこちらの悪い噂を聞くと、

「見損なった」

といって、こちらに冷たい態度をとるようになったりする。

価値観の合わない人物からすれば、「気の合わないヤツ」「つきあいにくいヤツ」ということになるかもしれないが、だからといって「嫌な人間」ということにはならない。価値観の合う人物からすれば、「気の合うヤツ」「つきあいやすいヤツ」ということになるはずだからだ。

ゆえに、誰かが悪くいっていたからといって、これまで好意的にかかわっていた人に対するこちらの評価を即座に変える必要はない。「この人とは合わないのかな」と思うだけでよいわけで、「そんな人だったんだ、見損なった」などといきなり非難がましい思いを抱くのは短絡的すぎる。

だが、このようなタイプは、複数の視点を統合することができない。そのため、ひとつの視点を信奉することしかできず、態度が極端に変わったりするのである。

円錐《えんすい》は、真横からは三角形に見えるが、真上からは円に見える。どちらかの見え方が正しいというようなことではなく、視点によって見え方が違うというだけのことにすぎない。両方の見え方を統合することで、「あれは円錐であろう」ということになる。

ひとりの人間には、いろいろな面がある。人のよい面もあれば、せこい面もあったりする。大雑把《おおざっぱ》な面もあれば、やたら神経質な面もあったりする。親切な面もあれば、ちょっと意地悪な面もあったりする。まじめな面もあれば、お茶目な面もあったりする。

また、相手によって引きだされる面が異なるということがある。ある人の前では堅苦しく面白みのない人物が、別の人の前では冗談をいって笑わせていたりする。私たちは相互作用で動いているのである。

認知的複雑性が低いと、そのような人間の多面性をうまく統合することができずに、一面的にしか見ることができない。だから、これまで仲良くしていた人に対する評価を突然変え、「見損なった」と批判的な態度をとるようなことも起こってくる。だから、ややこしいのだ。

❖自分と他者の考えを相対化できない

そのように、物事を複眼的に見ることができないところが、自分の主張を絶対に曲げないという面倒くささにつながっている。

他者の視点に想像力を働かせることができれば、「あの人の立場からは、とても一緒にやっていけないと思わざるをえないのだろうな」「あの人の価値観からしたら、それは許せないのかもしれないな」「あの人の性格からしたら、たしかに合わないかもしれないな」

と思いはしても、自分にとっては必ずしも一緒にやっていけないわけではないし、許せないわけでもないし、合わないわけでもない。

そのようなとき、複眼的に見ることができないと、批判的な言葉に惑《まど》わされて、せっかくうまくつきあっていた相手に疑いの目を向け「見損なった」といって切り捨てたり、逆に批判的なことをいう人に疑いの目を向けて「わけわからない」と切り捨てたりする。

同じように、他者の視点に想像力を働かせることができないため、自分と考えや感受性の違う人を理解することができず、そのせいで自分の主張を絶対に譲らない。

他者の視点を想像できれば自分の考えを相対化できるのだが、それができない。自分の考えや感受性を絶対化してしまう。これでは、立場が違う人、価値観が違う人、性格が違う人などとうまくやっていけるわけがない。

主張を曲げない人のトリセツ

このようなタイプとかかわっていると、その強引さが不愉快だし、ときに腹立たしく感じることもある。そんなふうに自分の考えばかりを押しつけようとせずに、こっちのいうことにも、ちょっとは耳を傾けろよといいたくなる。だが、むこうは自分の視点に凝《こ》り固まっており、こっちの視点に想像力を働かすことがないのだから、いくら説明してもムダである。

ふつうの相手ならわかってくれるような理屈も、このようなタイプにとっては屁理屈にしか聞こえない。むこうに同調しないかぎり、

「なぜわからないんだ！」「おかしいんじゃないか！」

と非難がましいことをいい始めたり、まるでいいがかりをつけられたみたいに攻撃的になったりしてくる。

そこで大切なのは、このようなタイプとの議論は避けるということだ。

わかってもらおうと思って、ていねいに説明しても、どうせ聞く耳をもたず、自分の言い分をくり返すだけなので、イライラさせられる。あまりイライラしない人でも、こっちの言葉がまったく受けとめてもらえないため、無力感を感じるばかりで、虚《むな》しくなる。

ゆえに、このようなタイプがなにをいっても、いちいち相手にしないことだ。「おかしなことをいっている」「あまりに一方的な見方だな」と思っても、それを正そうなどと思

わずに、ひたすら聞き流すのがよい。

だからといって、むこうのいいなりになる必要はない。むこうも勝手なのだから、こっちも勝手にやればいい。むこうにわかってもらおうなどと思わずに、こっちも勝手に自分のやりたいようにやる。議論などせずに、むこうのいうことはひたすら聞き流して、こっちの思うようにすればいい。

無視して勝手にやったということで揉《も》めることもあるかもしれない。だが、わかってもらおうと思って説明したところで、結局は折り合いがつかずに揉めるだけだ。そんなことをしていたら、なにもしないうちから疲れてしまう。

むやみに同調しないことも大切だ。議論するのが面倒だと思い、つい言い分に従い、うっかり同調してしまうのは危険である。このタイプは非常に強引で、独りよがりの正義感で暴走しかねない。それでなにかトラブルになった場合、同調者と見なされると一蓮托生《いちれんたくしょう》で、とんでもない立場に追いこまれることもありえる。

わかってもらおうと思わない。議論しない。同調しない。そして極力かかわらない。それが、このタイプに心のエネルギーを奪いとられず、被害を受けないための知恵である。

タイプ8
取り入ってばかりで見苦しい人

上司や取引先の担当者に対して、歯の浮くようなお世辞を平気で口にする人がいる。

相手がなにかいうたびに、

「おっしゃるとおりです」「さすが課長！」「すばらしいアイデアですね」

などと、わざとらしい持ちあげ方をする。

テレビドラマなどでよく見かけるキャラだが、社会に出てみると、このタイプを目の当《ま》たりにするようになり、はじめのうちは「ほんとうにいるんだ！」と変に感動するが、ほどなく鬱陶《うっとう》しくなってくる。

❖気に入られるために、ヨイショを連発

相手のことをホメるのだから、べつに悪いことではないと思う人もいるかもしれない。しかし、このタイプと身近に接している人は、その見苦しさとズルさに、うんざりしているはずだ。

人の顔色ばかりうかがっており、機嫌を損ねないように気をつかう。それはよいのだが、けっして自分の本心を口にするわけではなく、相手が喜びそうなことであれば、心にもないことも平気でいう。

相手を喜ばすのだから、相手のためになっていると思うかもしれないが、すべては自分が気に入られるためである。相手から気に入られるためなら、どんな歯が浮くようなお世辞でも平気で口にする。

上司が見当違いなことをいっても、

「まったくもって、そのとおりです。さすがですね」

と持ちあげる。上司とて勘違いしている点もある。ほんとうに上司のためを思うなら、それをやんわりと指摘し、正しい認識をもってもらうようにすべきだ。

だが、このタイプにとって大事なのは、上司が正しい認識をもつことではなく、上司の気持ちをくすぐって気に入られることなのだから、間違ってもそのような指摘はしない。

上司があきらかに無理だと思うような提案をした場合であっても、

「それはすばらしいアイデアです。絶対にうまくいくと思います」

と持ちあげる。そんな無謀なことをして失敗したら、上司は大きな痛手を負うはずだ。それなのに諸手《もろて》をあげて賛同するなど、あまりに無責任なわけだが、ほんとうは上司のことなどどうでもよく、その場で上司の機嫌をとって、自分が気に入られればよいのだ。結局、自分のことしか眼中にない。

❖実力なき野心が「取り入り的な自己呈示」をさせる

こちらが望むような印象を与えるために、自分の見せ方を調整することを「自己呈示」という。いわゆる印象操作だ。取り入るのも自己呈示の一種といえる。

このタイプは、周囲の人たちからしたら鬱陶しいだけでなく、あまりに見苦しい。「なぜそこまで露骨に取り入ったりするのだろう？」「みっともないと思わないのだろうか？」と不思議でならない。

だが、このタイプは、自分と同列の人物や、自分より下の人物、いわば自分の評価や昇進に影響力をもたない人物からどう見られるかには関心がない。そのような連中など眼中にないのだ。気になるのは、上役からどう見られるかだけなのだ。だから、どんなに見苦しくても平気なのである。

では、なぜそこまで見苦しい姿を周囲にさらしてまでも、取り入る必要があるのだろうか。それは、実力がないのに出世欲が異常に強いからだ。いわば実力不相応な地位を得ようと必死になっている。そのために、あからさまな取り入り戦略を用いるわけだ。

そのなりふり構わぬ調子のよさに、周囲の人たちはみんな呆れるが、上司や取引先などふだんの姿を知らない人は、そのようなご機嫌取りにいとも簡単に攻略されてしまうのだから、世の中、滑稽《こっけい》なものである。そうした効用があるものだから、このタイプは取り入り戦略をやめられない。

実力がないうえに、努力する覚悟もないため、後ろ盾《だて》がないと不安になる。そこで、権力者に媚《こ》びを売ることで、自分の生きる道を切り開いていこうといった姿勢を身につけているのである。

たとえ能力的に平凡であっても、分相応《ぶんそうおう》にやっていくつもりなら、とくにここまで見苦しい姿をさらすこともないだろう。実力に見合わない野心があるため、ややこしいことになるのだ。

❖「正義感」も「誇り」も持ち合わせない

このタイプは、横で聞いていると、聞いているほうが気恥ずかしくなるようなお世辞を平気で口にする。しかも、その相手が立ち去ったとたんに、えてして今度は、その人物を軽《かろ》んじるようなことをいったりするので、心にもないお世辞で取り入ろうとしているのがあからさまで、どうにも嫌な気分になる。

このタイプは変わり身も早い。自分に影響力のある権力者が変わると、取り入る相手も変える。新たな権力者に取り入るために、これまで取り入っていた相手のことを平然とけなし始める。それによって、新たな権力者に気に入られようとする。
一貫性とか正義感といった言葉とは無縁の世界に生きている。むしろ、変わり身の速さこそが、自分の長所だと思っている。

なぜ、そこまで見苦しい生き方ができるのか、誇りはないのか、といった疑問を抱く人もいるかもしれないが、このタイプは一般的な意味での「誇り」などはるか昔に捨てている。強《し》いていえば、ねじれた誇りをもっている。それは、自分が取り入ったり、おだてたりすることによって権力者を思うように操れるといった歪んだ誇りだ。

実際は、思うように操れるということはないのだが、気に入られるのは事実だ。持ちあげられると誰でもよい気分になるだろう。とくに権力者は、下の人間に持ちあげられることで自分の権力が実感できるため、舞いあがってしまう。だからうまく取り入るとたいていの場合、成功するのである。

権力者に取り入り、その懐《ふところ》に入り込むためには、仲間を陥《おとしい》れるようなことも平気でする。たとえば、「こんなけしからんことを言っている者がいます」と告げ口をすることによって、信頼を得ようとしたりする。

このタイプには、友情などという概念はない。上から命じられれば、仲間のことも平気で裏切るし、汚いことにも平気で手を染める。それを利用しようとする権力者がいるから、ますますややこしいことになる。

ゆえに、上に取り入るばかりのみっともない小物だと思って安心していると、とんでもない目にあうこともある。誇りをもって生きていない人物は、そのような意味でとても危険なのである。

取り入りまくりの人のトリセツ

このような人物の調子のよさには、呆れるのを通り越して、腹立たしさが込みあげてくることもある。

自分たち同僚同士のときは、ウケ狙いの冗談を交えながら上司のことを悪くいっていたのに、上司があらわれたとたん、突然、態度を変えて上司に取り入り始める。そうした姿をみんなに見られているといった気まずさがないのか疑問だし、その節操《せっそう》のなさに嫌気がさす。

こんな人物は、信頼できないとつくづく思う。正々堂々と生きていくだけの実力も意欲もなく、倫理観にも欠けているため、こうしたコバンザメ、太鼓持ちとしての生き方を身につけた哀れな存在ともいえる。

だが、うっかり同情すると痛い目にあう。そもそも倫理観が壊れているのだから、自分を支えてくれた人のことも平気で裏切る。すべては、そのときどきの損得勘定で動くのだ。親しくつきあっているからといって、気を許すのは危険である。うっかり弱みを見せたりすると、あとでその弱点に付けこまれるようなことにもなりかねない。

自分が動かせる相手と見なせば、あの手この手で心理的距離を縮め、自分のために利用しようとするタイプだが、元々が小心者なので、毅然《きぜん》とした態度を示していれば、被害をこうむることも少ないはずだ。

お世辞でくすぐられれば誰でも嬉しいものだが、やたらと持ちあげるようなことをいう相手には要注意である。利用価値を感じているだけで、人間的な交わりを求めているわけではない。

そこを勘違いして、「いいヤツじゃないか」と気を許すと、利用するだけ利用してから、つぎの利用価値のある人物のほうに向かっていく。急によそよそしくなったなと感じるときは、つぎのターゲットを見つけたときだ。

上に取り入る人物は、ヨコの関係だとよくわかるのだが、自分が上の立場になるとわからないものである。ほんとうに傾倒《けいとう》して尽《つ》くしてくれているのか、取り入るつもりで尽くしてくれているのか、そこを判断するのが難しい。ゆえに、おべっかを使ってこちらを持ちあげる人物を信用しないようにしたい。

このタイプの部下は、こっちが勢力をもっている間はよいものの、勢いを失ったり、こっちの立場が危うくなると、即座に態度を変える。こっちが苦しいときに支えてくれるのが、ほんとうの仲間であり味方であるはずだが、このタイプはいざというときに味方になってくれない。それどころか、あっさりと見捨てて離れていく。

したがって、わざとらしいくらいに取り入る人物は、警戒してかかわる必要がある。たとえ親切にしてくれることがあっても、けっして気を許さず、心理的距離を縮めないように心がけたい。風向きが変われば、それまで親しかったはずなのに、突然そっぽを向いたりできる人間である。まともに向き合ってつきあう相手ではない。

タイプ9

杓子定規で融通がきかない人

なにかにつけて融通《ゆうずう》がきかない人がいて、困ってしまうことがある。そんなことはどうでもいいじゃないか、と思うような手順にこだわる。急ぐ必要があるため、融通をきかせてほしい事情を説明しても、

「これは規則ですから」

と素っ気ない。そこをなんとかしてほしいと頼みこんでも、

「そういわれても困ります。安易に例外を認めるわけにはいきませんから」

と一歩も譲らない。困るのはこっちなのだが、なにをいっても通じない。例外を認めてもなんの支障もないはずだし、こんなふうに仕事の妨げになるような規則に、いったいどんな意味があるのかと思うと、イライラしてくる。

べつに規則が問題なわけではない。無秩序な職場では困るし、なんでもやりたい放題では困るので、規則で縛るのは必要なことに違いない。だが、大事なのは運用の仕方だ。杓《しゃく》子定規《しじょうぎ》に運用しようとするから、規則が仕事の足枷《あしかせ》になったりするのである。

❖やむない事情があっても例外を認めない

取引先から急に連絡があり、協働で進めようとしている案件に関係する催しにいまから一緒に参加しないかと誘われた。出張届を急いで書いて提出し、上司に念のためにその写しを持っていき、出張にいく旨を伝えると、

「決裁がおりてからにしてください、それが規則ですから。それに、関連資料が添付されてませんね」

などと、杓子定規なことをいう。この出張が認められないことはあり得ないし、急を要

するのだから、事後決裁でよさそうなものなのに、どうにも融通がきかない。

ルールなど柔軟に運用すればいいのに、規則に縛られて、仕事上のチャンスを逃《のが》すなんてバカじゃないかと思いながら、出張届を引っこめて、体調が悪くなったことにして早退し、私用として出かけることにするしかない。

翌日、クライアントのところに持っていく資料を必死になって作成していると、

「今日は、ノー残業デーなので、すぐに帰ってください」

と仕事を止めにくる。明日の午前中に持参しないといけないので、今晩中に完成させておきたいといっても、

「事情はわかりますが、これは規則ですから」

といって、しつこく帰宅を促す。ここまで融通がきかないと、「この人はなんのために規則にこだわっているんだろう?」と理解に苦しむ。

❖臨機応変に判断することができない

このようなタイプは、どうでもよい手続きにこだわり、例外を認めず、何事も規則どお

りに進めさせようとする。そうした杓子定規な運用によって、不正が防げるということはあるかもしれない。

でも、待ったをかけられることで、仕事に支障が出てしまう。現実には、不正防止に役立つことより、仕事の妨《さまた》げになることのほうが圧倒的に多いはずだ。

とにかく、頭が固い。いくら事情を説明しても、「規則に従え」の一点張りである。もっと臨機応変《りんきおうへん》に運用してほしい。そう思うものだが、状況に応じて判断する柔軟性などないからこそ規則遵守《じゅんしゅ》にこだわるのだ。

けっして意地悪なわけではない。たんに融通がきかないだけだ。その融通がきかない頭の固さは、自分の身を守るための防衛本能によるものといってよい。

自分で適切に判断する自信がなく、おかしな判断をしてしまって責任を追及されるのを恐れるあまり、自分の頭で判断するのを避けて、何事も規則どおりに進めようとするのである。

融通のきかない人物にイライラする人は、自分で判断する能力に自信があるのだ。自分の頭で考える自信があれば、規則などの形式に必要以上にとらわれずに実質的な判断ができる。自分に自信があれば、あるいはうまくいった経験を重ねていれば、たんに規則に従うような生き方では物足りないし、そんなのはつまらないだろう。

このタイプが、あくまでも規則という形式にとらわれるのは、自分の頭で判断する自信がないからである。自分であれこれ考えをめぐらすのは、喜びであるよりも苦痛なのだ。規則に基づいて動いていれば、みずから頭を使って考える労力がいらない。

それに、万一トラブルが生じても、規則に従っていれば身を守ることができる。たとえば、規則を遵守した結果、対応に遅れが出て、仕事の受注に支障が生じるようなことがあっても、それは規則に従ったせいであり、責任を問われることはない。だが、自分の判断で規則を無視してなにかトラブルが生じた場合は、当然、責任を追及されることになる。そうしたリスクを避けるには、規則に従うのが無難ということになる。

❖論理能力に自信がないタイプ

現場の人間から、

「急を要するので、あとで書類を提出しますから、先に購入させてください」

と頼まれても、

「先に書類を書いて提出してからにしてください」

と、あくまでも規則どおりの手順をふむことを求める。

「それでは間に合わないから、お願いしてるんです」

と食いさがっても、まったく動じない。ふつうならなんの問題もなく事後提出ですむことでも、例外をいっさい認めない。


仕事で必要な文具程度のものでさえ、いちいちうるさいことをいうので、書類を書く時間がもったいないと、自腹で購入することも多いと嘆く人もいる。どこの職場にも、融通がきかない人物が幅をきかせているのだ。

なぜ、そこまで規則にとらわれるのかといえば、管理部門などから万一チェックが入ったときに、規則違反を認めた理由をうまく説明する自信がないからである。

そのときの状況からして、そうすべきであった、実質上リスクもないので、それを妨げる理由も見当たらなかった――ということを理路整然と説明し、その正当性を説得する自信がない。頭のなかが論理的に整理されていないのである。そのため規則に執着し、現場の仕事を妨げることになってしまう。

ただし、本人には仕事を邪魔しているといった意識はない。規則違反が起こらないようにきちんと管理しているつもりなのである。

企業経営において、コンプライアンスということが重視されるようになって、このタイプが大手《おおで》をふって本領を発揮するようになってきた。仕事に対する意欲があり、臨機応変に物事に対処することができ、論理能力に自信がある人物にとっては、まさにバカの壁が厚みを増したわけである。

融通がきかない人のトリセツ

このタイプが壁として立ちはだかってきたとき、なんとかして説得しようと試みるわけだが、多くの場合、それは徒労に終わる。

そもそもこのタイプに理屈は通じない。ロジカルシンキング、いわゆる論理的思考が大切だとされ、研修が実施されたり、ビジネス書が読まれたりするが、そうした取り組みはこのタイプにこそ必要だ。論理的能力がないのだから、いくら理屈で説明しようとしたところで通じるわけがない。

このタイプを攻略するにあたって、なによりも重要なのは、責任回避を保証することである。

たとえば、どうでもよい手続きにこだわっているが、こっちの言い分に落ち度はないと思われるケースでは、

「私が責任を負いますから」

といって、むこうの気持ちを軽くしてあげることが大切となる。それでも、

「そうはいっても、いざとなったら上司である私に責任がかかってくるからなあ。そう簡単に認めるわけにはいかないよ」

「そういわれても困ります。経理担当として責任を問われますから」

などと抵抗を示すものだ。その場合は、むこうが「認めた」ということにならないようにするのである。「知らなかった」でもいいし、「勝手にやったようだ」でもいいし、いざというときの言い訳の余地を保証する。

そのうえで、リスクが実質上ゼロであることを強調する。このあたりは「責任逃ればか

り考えている人」と重なるところである。

このタイプにとって大事なのは、責任を問われないようにすることなのである。ゆえに、必要を説くよりも、責任がかからないことを説くことが重要となる。

それでもむこうが抵抗を示すときは、規則にこだわることで商機を逃した場合、その責任を問われる可能性がある、なぜもっと臨機応変に対処できなかったのかと責められるかもしれない——というようなことをほのめかし、暗に脅《おど》してみるのも効果的だ。

相手は責任を問われるのをもっとも恐れるタイプゆえに、最後の切り札として用いる価値はあるだろう。

ただし、このタイプは、臨機応変の判断をして結果をだす人物に対して、劣等コンプレックスを抱いていることが多く、柔軟な考え方をする人物は、その劣等コンプレックスを刺激しやすい。

コンプレックスというのは無意識のうちに働くため、本人は自覚していない。無意識のなかで劣等コンプレックスが刺激され、「こんなヤツの思うようには絶対にさせてやるもんか」といった思いが渦巻いていても、意識のうえでは純粋に「規則遵守を徹底させせないと」といった思いに駆られて対応しているつもりでいる。

ゆえに、劣等コンプレックスをうっかり刺激しないように、日頃から言動に注意する必要がある。融通がきかない相手のことを軽んじるような言動は厳に慎みたい。組織のリスク回避のため、職場が無秩序にならないようにしっかり管理してくれていることに敬意を払う姿勢が大切である。

本人の自尊心を傷つけず、承認欲求を満たしてあげるように日頃から心がけることで、いざというときにこっちの希望に耳を傾けてくれやすくなる。

タイプ10

小さなことで大騒ぎする人

すぐに大騒ぎする人がいる。

「ねえ、聞いてよ。ひどくない？」

というから、なにがあったのか聞いてみると、まったくたいしたことではない。

「ひどすぎる。もう許せない！」

と息巻いているので、どんな目にあったのか聞いてみると、別段どうってことはない。

なんでそのくらいのことでいちいち大騒ぎするのか？　まったく理解できない。

❖心のなかにクッションをもたない

誰かが仕事でちょっとしたミスをすると、

「これなんだけど、間違ってない？」

と大きな声で指摘する。その人の手元の書類をちらっと見ると、たいしたミスではなく、いつも気づいた人が適当に直している類《たぐ》いのものなので、誰も反応しない。すると、

「これ、間違ってるよね！」

としつこく繰り返す。間違ってると思うなら、いちいち騒がずにさっさと直し、間違えた人にこっそり教えてやればいいのに、すぐに大騒ぎする。

だからといって、べつに悪意があっていっている様子ではない。たんに、いわずにはいられないのだ。

人からいわれたことが気になると、

「ちょっと聞いてよ。ほんとにひどいんだから」

などと、些細《ささい》なことで大騒ぎして、周囲を巻きこもうとする。

「なにか、とんでもないことがあったのか?!」「そんなにとんでもないヤツがいるのか?!」と思い、話を聞いてみると、いつもどうってことはないことばかりなので、なんでそんなことにいちいち目くじらを立てるのか理解できない。

書類の書き方を間違えて、明日じゅうに書き直すようにいわれたといって、

「ねえ、ひどくない？　みんな書き直しだよ。わざと間違えたわけじゃないし、こっちだって一所懸命やってるのに、ひどすぎる。これってパワハラじゃない？　もう嫌になっちゃうよ」

と嘆く。周囲の人たちからすれば、そんなのは当たり前のこと。自分が間違えたんだから書き直すのは当然だし、今日だけで作成できた書類なのだから、明日じゅうなら余裕で直せるはずだ。

上司はなにも理不尽なことはいっていないし、無理な要求もしていない。パワハラなんかであるわけがない。「もう、いい加減にしろ」「そんなことでいちいち大騒ぎせずに、やるべきことに集中しろ」「自分のせいなのに被害者ぶるな」といいたい気持ちを抑えつつ、うんざりする。

このような人物は、心にクッションをもたないのだ。ふつうならなにかあっても、心のなかのクッションが緩衝材《かんしょうざい》となって、衝撃を吸収する。だが、このタイプは心のなかに緩衝材がないため、衝撃をもろに受けてしまう。

その結果、感情反応が優位になり、認知反応ができなくなる。

❖「感情反応」が優位で、「認知反応」が不得手

なにかあったとき、冷静な人は、感情反応でなく認知反応を示す。

「これは大変なことになった」

と思いつつも、

「なんとかしないとな」

「さて、どうしたらいいかな」

と知恵を絞《しぼ》り、なんとか対処法を考えようとする。これを認知反応という。要するに、頭を働かせるのだ。たとえ最悪の状況に追いこまれても、

「少しでも挽回するには、どうしたらいいだろうか」

と頭をひねる。

それに対して、感情的な人は、なにかあるとすぐに冷静さを失い、大騒ぎする。

「大変だ。もう、ダメだ」

「どうにもならない」

「なんでこんな目にあわないといけないの」

「こんなのひどいじゃない」

と嘆いたり騒いだりするばかりで、建設的な動きがない。これを感情反応という。

はじめのうちは、こうした感情反応に周囲の人たちは振りまわされるが、そのうち、「またか」と呆《あき》れ、うんざりするようになる。

❖心の容量が小さめで、あふれ出てしまう

ちょっとしたことでいちいち大騒ぎするのも、心のなかにクッションをもたないのに加えて、心の容量が小さいからだ。心の容量が小さいため、自分のなかで持ちこたえることができずに、すぐにあふれ出てしまうわけだ。

本人としては、けっして大げさに騒ぎたてているつもりはない。ほんとうに「大変だ！」「信じられない！」「ひどすぎる！」などと思っている。

このような心の容量の小ささは、レジリエンスの低さに通じる。レジリエンスというのは心の復元力ともいうが、なにかあって傷つき落ちこむことがあっても、そこから立ち直る力のことで、「傷つきやすく、すぐに落ちこむ人」のところですでに触れた。

逆境に追いこまれた経験がある人のほうが、レジリエンスが高いという研究データもあるが、大変な状況に追いこまれ、そこをなんとか生き抜いてくることで、レジリエンスが鍛えられ、心の容量も増すということだろう。

要するに、このように心の容量の小さいタイプは、甘い環境で生きてきたため、心が鍛えられていないのだ。だから、なにかあるたびに自分ひとりで持ちこたえることができず、つい大騒ぎしてしまうのだ。

すぐ大騒ぎする人のトリセツ

このようなタイプに対して、ちょっとしたことでいちいち大騒ぎするな、と注意してもムダである。本人は、ちょっとしたことで騒いでいるつもりがなく、そのつど、ほんとうに大変なことになったと思っているので、こちらの意図は通じない。

みんなうんざりしているし、相手のためと思って注意してあげても、「感じ悪い」「嫌なことをいう」などと曲解《きょっかい》され、こっちが注意したことに対して、それこそ、

「ねえ、聞いてよ。ひどくない？」

などと周囲に触れまわって、面倒なことになりかねない。

このような相手を注意や説教によって無理やり変えようとしても無理だ。むしろ、かえって刺激してしまい、こっちまで巻きこまれることになる。

相手の過剰な反応を和《やわ》らげるには、もっと間接的な方法で地道にいくしかない。

たとえば、本人が心のなかにクッションをもたないので、なにか注意しなければならないときなどは、それによる衝撃を和《やわ》らげるべく、クッションとなる枕詞《まくらことば》を添えるように心がける。

仕事でミスをして注意されても、

「ねえ、ひどくない？　こっちだって一所懸命やってるのに」

など大騒ぎするタイプである。まともに注意するだけでは、また大騒ぎするだけで、仕事が停滞してしまう。そこで、

「慣れないうちは、誰もがよくやるミスなんだけどね……」

「私も、はじめのうちはよく同じような間違いをしたもんだけど……」

などといってから本題に入る。こちらがクッションを用意して、衝撃を和らげてやるのである。

また、改善を促す際に、

「これじゃやり直しだよ」

とダメ出しをすると、このタイプは「自分を否定された」と感じ、過剰に反応する。ゆえに、ダメ出しをするのではなく、

「せっかくやってくれたけど、ちょっと改善してくれないかな。こういう感じにすると、もっとよくなると思うんだ」

というように、改善の方向を示すようにする。それによって、過剰な反応を防ぐことができる。

先ほど、小さなことに大騒ぎするタイプは、感情反応優位で認知反応ができないことを指摘したが、その習性を少しでも修正してもらわないと、仕事にも支障が出てくる。人間関係のトラブルや顧客とのトラブルが絶えなかったり、仕事のやり方を改善してもらうためのアドバイスも有効に機能しにくかったりする。

大切なのは、感情反応を抑えるべく、認知反応を促すことである。

そのコツは、頭に浮かぶ「なんで？」という問いを「どうしたら？」という問いに変えることだ。そうすることで、嘆《なげ》くばかりの後ろ向きの思考から生産的な思考に転換でき、前向きになれるし、人間関係も良好となり、仕事力も高まることが期待できる。

「なんで？」という問いは「イライラ」を生む。

「なんでこんなことになったんだ」

「なんでこんな目にあわなきゃいけないんだ」

と思えば、感情反応が生じてイライラしてくる。それに対して、

「どうしたらいいんだろう」

「どうしたらこの危機を乗りきれるかな」

と認知的に反応すれば、建設的な方向に歩みだせる。問題のある人に関しても、

「なんであんな言い方をするんだ」

「なんであんなにヤル気がないんだ」

「なんでこんな簡単なことがわからないんだ」

などと、非難がましい思いに駆られると、感情反応が誘発されてイライラしてくる。

それに対して、

「どうしたら良好な雰囲気にもっていけるかなあ」

「どうしたらもっとヤル気になってくれるかなあ」

「どうしたらこれをわかるように説明できるかなあ」

というように認知反応ができれば、自分の問題として受け止めることができ、冷静な対処ができるはずだ。

このように、認知反応を促すような言葉がけをするように意識すると同時に、自分自身も認知反応を心がけることで、小さなことでいちいち大騒ぎする人物に対しても、イライラせずに冷静に対応できるようになるだろう。

タイプ11

どうにも話が通じない人

なにをいっても暖簾《のれん》に腕押《うでお》し。こっちのいうことが、まるで通じない。そんな人が身近にいると、しょっちゅうイライラさせられる。

仕事を頼んだはずなのに、なにもしていない。なんでやっていないのか理解に苦しむ。書類を修正するようにいったはずなのに、まったく修正できていない。なんで修正していないのか、その理由がわからない。

なにかにつけてそんな感じで、ふつうはそれで通じるはずの指示や依頼が、なぜか通じないことがしょっちゅうである。

常識が通じない。言葉が通じない。「そこまで細かく具体的にいわないとダメなのか？」と呆れるほど話が通じない。さらにいえば、はっきり具体的に伝えたはずなのに、ちっとも通じていない。

❖人の言っていることを理解しない

このタイプとしばらくかかわっていると、その謎の正体が見えてくる。

こちらの指示に対して、

「わかりました」

と口ではいうものの、なぜか無視して、それを怠《おこな》る。それでも、わざと無視している感じではない。そこで、よくよく観察してみると、「わかりました」といいながらも、「？」というような表情をしている。こちらのいうことが、わからないのだ。

こっちの指示をわざと無視したり、サボったりしているわけではない。指示された「内容」がわからないのだ。べつに難しいことを指示したわけではないし、わかりにくい言葉を使ったわけでもない。それでも、こっちが指示した内容が理解できないのである。

〝ホウレンソウ（報告・連絡・相談）〟をするようにいくらいっても、なんの相談もなく勝手なことをする。あとでわかるたびに注意するのだが、いっこうに直らない。ホウレンソウがいかに大事かをしつこいくらい説明し、そのつど「わかりました」というのだが、結局、わからないようなのだ。

そこまでこちらの言葉を理解しないくらいだから、冗談も通じない。曜日によって違う相手とペアを組んで仕事するという人が、

「冗談がまったく通じない人がいて、他の人だと楽しく盛りあがるのに、『そうなんですか』のひと言で終わってしまい、つまらない」

とこぼす。その人物は、相手のいうことがよく理解できず、話題についていけないのだ。

つぎの項の「気持ちが通い合わない人」との違いは、いつも誰に対しても淡々としているか、特定の相手とは盛りあがることもあるか――という点だ。

このタイプは、言葉のレベルが同じ相手とは話が通じ、盛りあがったりする。けっして感情が乏しいわけではない。ただ、読解力が乏しく話についていけないのだ。

人の言葉を理解するのも、文章の理解と同じで、読解力によって言葉の意味や、その言葉で相手が伝えようとしている意図を汲《く》みとることになる。日本語をペラペラしゃべっているからといって、国語の読解問題が正解できるわけではないように、ふつうにしゃべっているからといって、こちらの話す内容を正しく読解しているとは限らない。

教科書を読んでも、その内容を理解できない中学生が半数もいることを示すデータが公表され、世間に衝撃が走った。べつに英語の教科書とかではなく、日本語で書かれたふつうの教科書のことである。母国語の読解力がないのだ。

中学生だけが例外であるわけがない。このような読解力の乏しい人物も、社会に出て働いているのである。もしかしたら、世の中に出ている大人の半数が、母国語の読解力が乏しいのかもしれない。

文章の読解ができないというのは、言葉の意味を正確に理解できないということを意味する。それは、書かれた文章のみならず、いわれた言葉も同じだ。ゆえに当然、伝わっているものと思っていることが伝わっていない、といった現象がそこらじゅうで見られるのである。

❖素直に「自分を振り返る」ことをしない

このタイプは長年、理解が苦手なまま生きてきたため、身を守る術《すべ》として、誤魔化したり言い訳したりして、非難されるのを最小限に抑えようとするズルさを身につけている。ズルさといっても、責めるべきズルさではない。すべての生物は、防衛本能によって身を守る術を身につけるようにできている。

たとえば、このタイプにミスを注意すると、

「そういうことは聞いてません」

などと平気で嘘をいう。もちろん指示された意味を読解できなかったのかもしれないが、ふつうなら「そうか、そういう意味だったのか。自分が指示内容を受けとめ損《そこ》なっていたのだ」と反省し、

「すみません。指示内容をちゃんと理解できずにいました」

と謝罪し、反省するものだが、このタイプは言い訳ばかりで、自分をふり返ることをしない。だから、指導・教育ができない。

客とトラブルになることが多くて注意されたときも、ふつうなら、

「すみません。これからもっと適切な対応ができるように気をつけます」

と反省の意を示すものだが、

「あの客の言い方がわかりにくいんです」

と相手のせいにする。実際、言い方が悪い客もいるが、他の従業員とくらべてトラブルになることが多いとしたら、本人の対応に問題があるはずだ。そこを認めようとしない。

あるいは、

「○○さんも、この前トラブルになってたし、私だけじゃありません」

と、他の人の例をだして、自分だけじゃないと開き直ったりする。そういうことではなくて、誰であってもトラブルにならないように気をつけないといけないし、修正すべき点は修正する必要がある。

だから注意をするわけだが、

「なんか、感じ悪い」

「あの人、嫌い」

などと周囲に漏《も》らしていることが伝わってきて、「なぜ、そこまで通じないのか?」とイライラする。だが本人は、こっちのことを「なにイライラしてるの、わけがわからない」と思っていたりする。

こっちは責めているのではなく、ミスをしないようにしないといけないし、トラブルにならないようにしないといけないから注意をしているのに、その意図が通じない。だから教育ができず、いつまでたっても改善しないし上達しない。

❖「勘違い」や「思いこみ」が激しい

自分の理解不足なのに、相手が悪いといって逆ギレすることもある。とにかく勘違いや思いこみが激しいため、相手のいうことがわからず、適切な対応ができない。

自分の説明がおかしいのに、

「それじゃ、わからないのですが……」

と客から聞き直されると、

「だからさっきから何度もいってるじゃないですか!」

などと乱暴な言い方をする。そこで、説明が悪いのに気づいた同僚が間にはいって、客に謝罪しつつ正確な説明をすると、客はすんなり納得する。それでも、本人は自分の説明が悪かったとは思わない。これだけ状況証拠があっても、自分の不適切さに気づけない。それほどまでに理解力が乏しいのである。

このような人物を相手にしていると、話が通じず、こっちの意図も通じないため、ほんとうにイライラしてくる。

このタイプを教育しないといけない立場の人は、なかなか思うようにいかないため、イライラと無力感に苛《さいな》まれ、体調を崩すなどという場合も少なくない。この人を相手にするのはもう無理だと感じ、退職まで考え始めた人もいる。それほどまでに、このタイプの図太さは強烈なのである。

❖本気で「相手がおかしい」と思っている

このタイプの特徴は、圧倒的な〝鈍感力〟にある。

たとえば、上からの指示をことごとく受けとめ損ねるため、周囲はイライラしているの

に、本人はまったく悪びれた様子もなく、

「なにをいってるんだか、さっぱりわからない。もっとわかるように指示してほしい」

などと文句をいう。あくまでも相手がおかしいと思っているのだ。

ちゃんと指示どおりに動かないため、上司がイライラしたり怒ったりするわけだが、

「あんなにイライラすることないのに。指示もしないで怒るんだから、嫌になっちゃうよ、まったく」

と、上司のことを突き放すように嘆く。上司がちゃんと指示をしているのを知っている周囲の人たちは、「怒られるのは当然だろう」と思っている。そのことを指摘する同僚がいても納得せず、

「怒られる意味がわからない」

などといい続ける。怒られる意味より前に、指示された内容の意味もわかっていないのだから、反省するわけがない。

客の要求に対して、

「なに、あれ。おかしくない?」

「クレーマーじゃない？」

などというたびに、周囲の人はみんな「なにがおかしいんだ？　おかしいのはあんただろ」「客が文句をいいたくなるの当然だろう」「クレーマーはあんただろうに」……と心のなかで毒づいている。だが当人は、ほんとうに相手がおかしいと思っている。なにしろ、ふつうなら通じるはずの理屈を理解できないのだから。

話が通じない人のトリセツ

このようなタイプとかかわっていると、「話せばわかってもらえる」と思うのは甘いということに気づく。

そこで大切なのは、ある意味で諦めることである。つまり、いくらていねいに説明しても、通じない相手もいるのだということを肝《きも》に銘《めい》じておくことである。「ちゃんといっておいたから大丈夫」などと思っていると痛い目にあう。ゆえに、何度も確認することが必要だ。

「分数がわからない大学生」「割り算ができない大学生」「％がわからない大学生」……な

どといわれるようになり、大学で中学・高校の復習をする時代になった。実際、1万2000円の30%引きが8400円になるということを、いくら説明してもわからなかったりする。

そのような学生もふつうに卒業し、社会人として働くことになる。%がわからない人物に増益率の話をしても通じないだろうし、割引率をめぐる交渉の話をしてもわかるわけがない。

日常のやりとりも、それと同じく、この種の相手にとってはわけのわからない話になっているのだ。

学校で日本語でおこなわれている授業が、まるで外国語のようにわからない生徒が増えているといわれるが、社会に出ても似たようなことが起こっている。こっちが当然、通じると思っている言葉も理屈も、むこうにとっては、まるで初めて耳にする外国語のようにまったく理解不能で、わけがわからないのである。

結局のところ、生きている世界が違うのだ。ゆえに、頭のなかにある言葉がまったく異なるのだと心得ておく必要がある。別世界を生きているのだと思うことで、イライラもちょっとは軽減するはずだ。通じるはずだと期待するからイライラする。通じないものと思っていれば、淡々とかかわっていける。

どうしてもやってもらわなければならないことがあるときは、ふつうの相手の場合のように理屈で説明しようとしないことが大切だ。なにをどうするかを具体的に伝える。実際にやってみせる。ハウツーを意識して伝える。

最近のマニュアル化の進展や、ビジネス書のマニュアル化・ハウツー化の傾向を見ると、このタイプが増えてきているのは間違いない。

タイプ12

気持ちが通い合わない人

なにかにつけて、こっちが期待するような反応にならず、素《そ》っ気《け》ない反応に肩すかしを食らう。そんな感じの人がいる。

親切にしてあげても、素っ気ない反応しかしない。ふつうなら気持ちのこもった感謝の言葉があるはずなのに、あまりに素っ気ない。べつに感謝の言葉がほしくて親切にするわけではないが、それがないと「かえって迷惑だったのかな」「よけいなお世話っていうことなのか」などと気になってしまう。

こちらが迷惑をこうむった際も、丁重《ていちょう》に謝ってくると思ったら、あまりに淡々とした感じで、申し訳なさがまったく感じられない。ふつうなら、もっと気持ちのこもった謝罪があるはずなのに、言葉に気持ちがこもっていない。「仕方なく謝ったものの、ぜんぜん悪かったと思っていないのだろうか？」と勘ぐってしまう。

だが、様子を見ていると、そんなに悪気があるようには思えない。でも、あまりの素っ気なさに、どうしても違和感が拭《ぬぐ》えない。

要するに気持ちの触れあいがないのだ。だから、いつまでたっても親密な雰囲気にはならない。なんだか感情をもたないロボットとかかわっているような感じになる。

❖どんな話を振っても盛り上がらない

このタイプとは、いつも必要最小限のやりとりで終わってしまう。ふつうは仕事上必要なやりとりをしながらも、ちょっとした言葉のやりとりのなかに親しみが漂うものだ。

必要最小限の言葉しかやりとりしないならロボットで足りる。それでは物足りないし、あまりに寂しい。もうちょっと人間的な触れあいがほしい。そこで、雑談をしようと思い、

いろいろ話題を投げかけるのだが、

「そうですね」

のひと言で終わってしまう。もっと気持ちを引きだそうと、こっちの思いとかを吐露《とろ》してみるのだが、

「そうですか」

で終わってしまう。親しみをこめて話しかけているつもりなのに、あまりに素っ気ない反応しか返ってこない。いくら雑談をしようとしても乗ってこない。こういう話題なら盛りあがるだろうと思って投げかけても、あくまでも素っ気ない反応しか返ってこない。どんな話題を投げかけても空振りばかり。

それほど興味がない話題であっても、思いを共有しようという気持ちがあれば、相手に合わせて雑談になっていくものだ。だが、そうはならない。

❖人の気持ちをキャッチするのが苦手

このような人物と接していると、その共感性の乏しさに驚くことがある。

ふつうはそんな反応をしないだろうというような反応をする。最初のうちは「なんで？」「どういう人間なんだ？」と訝《いぶか》ることも多々ある。「嫌われてるのかな」「あまりかかわりたくないということなのかな」「避けられてるのかな」などと思ってしまう。

だが、本人に悪気がないことが、そのうちなんとなくわかってくる。こちらに対してとくに敵対的な態度をとるわけでもないし、嫌なことをいうわけでもない。気になるので観察していると、こちらに対してだけ素っ気ないわけではなく、他の人たちに対しても素っ気ない反応をしている。

世の中には孤高をたもつ人もいる。みんなとつるむのを拒否し、自分の領分に他人が侵入しないように距離をたもつ。だが、このタイプは、とくに孤高をたもとうとしているようにも思えない。

そこでわかるのは、こちらを故意に避けようとしているのではないということだ。結局、人の気持ちを想像するという心の習慣がないのだ。相手がどう感じるかといったことにはまったく関心がない。だから、とくに拒否しているわけではなくても、反応が素っ気なくなり、相手の期待を裏切ることになってしまう。

ふつうは相手の期待を先取りし、期待を裏切らないような反応をするように心がけるものだが、そうした配慮ができないため、相手からすれば期待はずれの反応が多くなるのである。だが、べつに悪意もなく、嫌みをいっているつもりもない。拒否しているつもりもないし、無視しているつもりもない。

そもそも「こんなことをいったら傷つくだろうな」「こんな言い方をしたら気まずくなるだろうな」「こんな反応では感じ悪いかもしれない」……というように、人の気持ちに想像力を働かせる心の機能が欠落しているのだ。

いわゆる「共感性」が欠如している。人の気持ちがわからないのだ。当然、その場の空気を読むなどという高等なことはできない。だから場違いな反応ばかりになるのだ。でも、そこになにか意図があるわけではない。自然にそうなってしまうのだ。

❖感情の表出がかなり弱い

このタイプの特徴として、感情の乏しさがある。感情が豊かか乏しいかには大きな個人差があるが、このタイプは感情が著しく乏しい。

これで盛りあがれると思ったのに、盛りあがらない。当然のように喜んでもらえると思ったのに、喜ぶ様子がみられず、反応があまりに素っ気ない。感謝されると思ったのに、感謝する素振《そぶ》りもない。これで心の距離が縮まり、仲良くなれると思ったのに、相変わらず距離が遠く、いつまでたっても他人行儀で、よそよそしい雰囲気から脱せない。

こんなふうに期待はずれの反応が多く、しょっちゅう肩すかしを食らう。取り付く島がないのだ。感情が豊かな人はもちろんのこと、ごくふつうに気持ちの交流ができている人からすると、「なんだか冷たい人だなあ」「ちょっと、つきあいづらいなあ」と思わざるを得ない。

このタイプが部下だったり後輩だったりして、教育しなければならない立場にある場合など、どうにも気持ちが通じず、かかわり方に悩んでしまうこともある。

気持ちが通わない人のトリセツ

人と親しくなるのが得意な人でも、このような人物が相手だと苦戦せざるを得ない。「このよそよそしさは、なんなんだ?」と思い、心理的距離を縮めようと、さまざまなアプローチをするのだが、いくら努力しても手応えがない。

そのよそよそしい雰囲気にイライラしたり、こっちの気持ちが伝わらないため、腹立たしい思いに駆られたりする。

でも、ちょっとしたことですぐに怒りだしたり、すぐに落ちこんだりする、やたら感情的な人物に振りまわされ、とんでもなく疲れることがあるのと比べたら、このタイプのほうがかなりマシな面もある。

やたら感情的で、すぐに興奮する人物が憤《いきどお》っているのを宥《なだ》めたり、しょっちゅう落ちこむ人物をそのつど慰《なぐさ》めたりしなければいけないのと比べたら、はるかに気持ちは楽である。だが、気持ちが通じないもどかしさや寂しさを感じざるを得ない。

このタイプとうまくかかわるには、日本文化に特有の甘えの心理を自覚し、このタイプに対しては甘えの心理を抑制する必要がある。甘えの心理というのは、わかりやすくいえば、心理的一体感を前提として相手に期待する心理である。

端的にいえば、こっちの思いを汲みとってくれるはずと期待するのも、甘えの心理といえる。

甘えが通用しない文化、たとえば欧米文化においては、相手がこっちの思いを汲みとってくれるなどと誰も思わない。つまり期待しないのだから、期待はずれの反応にイライラすることもない。

だが、日本では誰もが相手の思いを汲みとり、その期待を極力裏切らないように心がけるため、その期待が裏切られるとイライラする。

このタイプの基本的な特徴は、共感性が乏しく、相手の期待に応えようという意識がないところにある。ゆえに、日本的な心の交流は期待できない。

日本文化にどっぷり浸《つ》かって成長してきた人は、心のなかに甘えの心理を無自覚のうちに抱えている。

とくに意識しなくても、相手がこっちの期待に応えてくれるはずと、心のなかで思っている。また、相手の期待を裏切らないような反応をごく自然に心がけている。だから、このタイプにイライラしたり戸惑《とまど》ったりする。

そこで、このようなタイプとうまくかかわっていくには、こっちの期待に応えてくれるはずといった期待をもたないように意識することが必要となる。こっちも淡々とかかわっていれば、トラブルにはなりにくいし、気持ちが通じないことにイライラしたり、困惑したりしないですむ。

はっきりいわれたことだけに対応し、言葉の背後にある気持ちを汲みとろうなどと思わないことだ。こっちもなにか用事があれば、それを言葉ではっきり伝える。「必要なことをいえばよい」ということを意識してかかわるのである。

こっちがふつうの相手のように気持ちが通じるはず、親しい感じになれるはずといった期待をもってなにかしてあげたりすると、あとで裏切られたような気持ちになる。

とにかく期待しないことに尽きる。期待するからこそ、それが裏切られた気持ちになって、イライラするのだ。期待しなければ、イライラすることもなくなる。

人間味のあるつきあいをする相手ではないと思うことが、このタイプと無難にかかわっていくためのコツといえる。ロボットとかかわっていると思えばいい。そうすると、ふつうのロボットよりはかなりマシと思えるはずだ。気持ちは通じなくても、理屈はちゃんと通じる。ドロドロした人間より気楽にかかわれる。

このような相手の無神経な言動にイライラすることもあるだろうが、再三指摘しているように、本人に悪気があるわけではない。よく気がつく人、気配りができる人は、このようなタイプにイライラし、腹立たしく思うだろうが、能力的な欠陥のため、配慮することができないのだから仕方がない。

どうせ気持ちは通じないし、人に対して配慮もできないのだから、イライラするだけ損だし、精神衛生上よろしくない。

そこのところを踏まえてかかわっていれば、イライラもなくなる。「人のことを配慮すべき」という期待を捨てることで、その無神経さも許せるようになるだろう。

第II部◆面倒くさい人と賢くつきあう5つの極意

極意1

相手を変えようと思わない

働きかけは、たいてい失敗に終わる

思うような反応が得られない相手、不適切な反応が目立つ相手を見ると、放《ほう》っておけない人がいる。なんとかして適切な反応ができるようにしてあげたいと、お節介《せっかい》な気持ちになる。

傷つきやすく、すぐに落ちこむ人がいると、あんな感じでは周囲の人たちもどう接すればよいかわからなくなるし、本人もつらいだろうし、あれでは戦力になるように鍛えることもできやしないといった声も聞こえてくるし、そのうち見捨てられてしまうことになりかねないから、もっとタフな気持ちになれるようにしてやりたいと思う。

誰に対しても対抗心を剝《む》きだしにして、仕事をうまく運べた人に嫌みばかりをいうため、周囲から煙たがられている人がいると、あんなふうにしていたらみんなから嫌われるし、

相手にされなくなってしまうから、もっと周囲の人たちと友好的にかかわれるようにしてやりたいと思う、

承認欲求が異常に強く、やたら自己アピールが強くて周囲から浮いている人がいると、あんな自己アピールをしても逆効果だし、実力不相応の自己アピールが目立つため嘲笑《ちょうしょう》する人たちもいるのに、本人はそれに気づいていないのがかわいそうだし、なんとか自己アピールを抑えるようにしてやれないものかと思う。

そこで、そのような相手をつかまえて、そうした問題点を指摘し、こうしたらどうか、ああしたらどうかと、さまざまなアドバイスを試みるわけだが、そうした働きかけは、たいてい失敗に終わる。

なぜなら、むこうは自分がおかしい反応をしていると思っていないからだ。

友だちから、「自分はどこにいっても周囲から浮いてしまう傾向があるのだけど、どこに問題があるのだろう？」と相談されたときにアドバイスするのはいい。だが、本人がとくに問題を感じていないのに、

「注意されるたびにそんな感じで落ちこんでいると、そのうち戦力にならないって見捨て

られちゃうよ」

「そんなふうにいちいち対抗心を剝《む》きだしにしてたら、みんなから煙たがられて、誰からも相手にされなくなっちゃうよ」

「やたら自己アピールしすぎじゃないかな。周囲から浮いちゃってるよ。もう少し自己アピールを抑えないと」

などとアドバイスしても、素直に聞き入れてもらえるとは思えない。

そもそも、本人は自分のふだんの姿をべつにおかしいとは思っていない。それなのに、このようなことをいわれたら、イチャモンをつけられたようにしか感じないだろう。

そして、むこうは「なんでそんなことをいわれなくちゃいけないんだ」「なんだ、その上から目線は」「偉そうにアドバイスするけど、いったい何様のつもりだ」といった思いに駆られる。けっして親切心からアドバイスしてくれたとは受けとめないだろう。

結局のところ、このままでは本人が大変だろうと同情して、相手を変えてあげようとしても、抵抗され、反発されて、関係がこじれるだけだ。

カウンセリングでも、本人が自分を変える必要性を感じ、変わりたいと思っていれば効果が出やすいが、教師や上司からカウンセリングを受けるようにいわれてきただけで、本人が変わりたいと思っていない場合は、なかなか効果が期待できない。

アドバイスが感謝されないわけ

周囲から面倒くさい人物と見なされ、厄介者あつかいされている人に対して、なんとかしてあげたい、本人に自分の言動や感受性の不適切さに気づいてもらい、そこを修正するように頑張ってほしいと思い、わざわざ言いにくいことまで口にしてアドバイスするというのは、親切心のあらわれ以外のなにものでもない。

だが、たいていはその親切心にもとづく言動が仇《あだ》になってしまう。

ふつうは、面倒な相手には極力かかわらないように距離をおこうとするものだ。そんな面倒な人物と、わざわざかかわろうなどとは思わない。

それなのに、距離をおいて遠ざかるどころか、なんとか変わるようにアドバイスしようとまでするのは、まさに親切心によるものに違いない。このままでは周囲から変な人だと思われたままだし、周囲になんとか受け入れられ、溶けこめるようになってほしいと思うから、気になる点を指摘し、修正を促すのだろう。

だが、そんなことをしたら、よけいに面倒くさいことになるだけだ。相手のためを思っていっているのだから、気持ちは通じるはずと信じているのだろうが、それは甘い。人間心理をわかっていない。「変わるように」というアドバイスは、いってみればいまの自分を「否定されている」ということでもあるわけだ。

そもそも職場の面倒くさい人たちは、自分の反応がおかしいことに気づいていないため、そうした指摘に感謝するわけがない。むしろ反発し、イラ立つだけだろう。

それにくわえて、もうひとつ指摘しておきたいことがある。それは、「人はそう簡単には変われない」ということだ。

たとえ本人が自分を変えなければと思ったとしても、長年生きてきた自分のスタイルを変えるのは、非常に難しい。ゆえに、「自分はこのままではダメだ」と真剣に思う人が、あれこれ思い悩んだ末に、自分を変えるためにカウンセリングを受けたりするのである。

しかも、自分を変えたいと思ってカウンセリングに通っても、すぐに変われるわけではない。何度も通い、自分を見つめ、日頃の自分をふり返り、そのつど少しずつ気づきを得ることで、徐々に変わっていくのである。

自分を変えるというのはそれほど困難なことなのだ。ましてや、本人が自分を変えたいと思っていないのに、他人が変えられるものではない。ゆえに、相手を変えようなどとはけっして思わないことだ。

親切心はお節介と心得る

ふつうは、面倒な相手をなんとか改善させようなどとお節介なことは考えない。そのように思うのは、情に厚く親切な人に違いない。そのようなことを考える人は、自分は親切な人間で、人のことを放っておけないという自己イメージをもっているのだろう。

だから、面倒な人だからといって切り捨てるようなことはできないと思い、お節介な行動に出る。でも、その親切な試みは多くの場合、裏目に出ることになる。

これまでに身につけてきた生き方を人から変えるようにいわれれば、誰だって抵抗するものだ。それでこじれることもある。さらには、人はそう簡単に変わらないといった現実をつきつけられ、こっちもイライラしてくる。

相手を変えようとすれば、むこうは自分を変えようとするこっちのお節介や強引さにイライラする。こっちはいくらいっても変わらない相手にイライラする。結局、ますます面倒なことになるだけだ。

したがって、いくら相手の行動パターンがおかしいと思っても、それを指摘して変えさせようなどとは、けっして思わないことである。

極意2

相手とわかり合おうとしない

「なんで、わかってくれないんだ」

職場の面倒くさい相手にイラついている人の話を聞いていると、心の底から人を信じているのだなあと感じることがある。

イライラする気持ちとは裏腹に、その面倒な人物に対する肯定的なまなざしが感じられるのだ。話が通じるはずと思っているのだ。わかってもらえると信じている。他の人たちのように切り捨てたりしない。

みんなが「あの面倒くさい人物は相手にしたくない」と思っているのに、その人とわかり合えるようになりたいと思っている。面倒な人物として切り捨て、遠ざけようとしない。かかわりをもち続けることで、なんとかなると信じている。

それは、思いやりにあふれ、人間としてとても大切な姿勢である。

だが、こっちがホンネの言葉をぶつけることで気持ちが通じるはず、こっちのいうことをわかってくれるはず、といった期待があればあるほど、こちらのイライラは募《つの》ることになる。

恋人や配偶者のように身近で心理的距離の近い相手には、「わかってくれるはず」という期待があるため、わかってもらえないと「なんでわかってくれないんだ！」とイライラしがちである。だが、それほど親しいわけでない相手の場合は、「わかってくれるはず」といった期待がないため、わかってもらえなくても、とくにイライラすることもない。

ここからわかるのは、こちらをイライラさせるような面倒な相手の場合、できることなら心理的に距離をおくのがよいということである。

むこうも不思議に思っている

現実には、諦めることが必要な場合もある。世の中には、わかり合えない相手もいる。こちらがどんなに誠意をもって接しても、受け入れてもらえないこともある。性格が違うと、わかり合うのが難しいものである。

こっちが「なぜそんなことを気にするんだろう？」と不思議に思うとき、むこうも、「なんで気にならないんだろう？」と不思議に思ったりしている。

こっちが「なんで不安にならないんだろう？」と意外に思うとき、むこうも「なんでこんなことで不安になるんだろう？」と意外に思ったりしている。

誰もが自分を基準に生きている。ゆえに、自分と違う感受性で動く人に接すると、なぜそんなふうに受けとめるのだろうと不思議でならない。だが、むこうもむこうの感受性を基準に生きているため、こちらの反応を意外に思っている。

性格が違えば感受性が違うため、お互いに相手の反応は想定外であり、理解できずに戸惑うわけだ。

もちろん、それでうまく噛《か》み合うこともある。不安が強く、消極的で、人に頼りたい人物と、積極的で、人を引っ張っていきたい人物は、正反対の性格が絶妙に噛み合い、いっしょに歩んでいくパートナーになれるといったケースがその典型である。

世話好きな性格の人物と、世話されたいという欲求の強い人物の組み合わせも、お互いの性格の違いゆえに、うまく噛み合うということになりがちだ。

話術に長《た》け、みんなで話すときはいつも輪の中心になっている話し好きの人物と、口べタで、みんなで話すときはいつも黙って聴き手にまわっている話すのが苦手な人物の組み合わせも、お互いの性格の違いがうまく噛み合うことになりやすい。

だが、正反対の性格ゆえに、お互いに相手の感受性や行動パターンを理解できないということのほうが圧倒的に多い。

そんなとき、「わかり合えるはず」といった期待をもっていると、「なぜ、わかってくれないんだ」とイライラしてくる。でも、「性格が違えば、お互いにわかり合うのは難しい」と知っていれば、べつにイライラすることもない。期待が裏切られたときに、人はイライラする。期待がなければ、イライラもない。

価値観の違いは、いかんともしがたい

性格だけでなく、価値観が違っても、お互いに相手の反応をなかなか理解できない。価値観の違いは、性格の違いとは異なり、正反対だから噛み合うということはあまりない。むしろ、価値観の違いは相互理解を妨《さまた》げ、お互いにイライラすることになりがちである。

たとえば、人情を大切にし、気持ちの交流を大事にする人物と、物事をすべて理詰《りづ》めで処理する人物では、人とのつきあい方がまるで違っているため、いっしょに仕事する場合など、お互いにイライラしがちだ。前者は後者のことを「冷徹で人間味がない」と見なし、後者は前者に対して「情に流されるなんて、愚《おろ》かだし甘い」と感じていたりする。

権力を獲得することに価値をおく人物と、信頼関係を築くことに価値をおく人物も、お互いにわかり合うのは難しい。

後者は、前者が権力を獲得するための手段として人間関係を利用するばかりで、心から信頼できる関係を築こうとしない姿勢に誠意のなさを感じ、前者は、信頼関係をなにより重んじるため取引に応じない後者を利用価値のない人物と見なし、お互いに相手にイライラすることになる。

とくに面倒な人物でなくても、このようにお互いにわかり合えない相手というのはいるものである。ゆえに、誰とでもわかり合えるはずといった思いこみは捨てるべきだろう。そうすることで、面倒くさい人物に対するイライラはおおいに軽減するはずだ。

わかり合えると期待するから、わかってもらえないとイライラしてくる。はじめからわかってもらえないこともあると思えば、理解を絶する反応をする人物に対しても、いちいちイライラつかないですむ。

わかり合えればラッキー、わかり合えない相手もいる。そんなふうに思っていれば、どうにも理解できない面倒くさい相手が現れても、いちいちイライラせずに、適当にやり過ごす気持ちの余裕が出てくるはずだ。

極意3

被害を最小限にすることを考える

信頼関係を結べるのは、ごく一部

誰とでもわかり合えるわけではないと指摘したが、さらにいえば、すべての人と親しくつきあえるわけではない。

これまでの人生をふり返ればわかるように、信頼し合える間柄は、そう簡単に築けるものではない。

大人になってから幼い子ども時代をふり返ると、まるでメルヘンのような平和な世界を生きていたように感じ、「あの頃はよかった」と思う。つらすぎる現実に直面し、心がくじけそうなときなど、「あの頃に帰りたい」と思ったりすることもある。

でも、よく思い出してみると、幼い子ども時代にも、どうしようもなく面倒くさい友だちにいじめられたり、嫌な思いをさせられたりしていることも少なくない。

意識調査の結果などで、「気をつかわず、なんでも話せる親友がほしい」という中学生や高校生がとても多いという報告があるが、それは現実には気をつかう友人関係が圧倒的に多く、気をつかわずになんでも話せるような親友が、なかなかできないことの証拠といってもよいのではないか。

社会に出ると、人事評価によって待遇に大きな差が出てくるし、どうしても比較意識が刺激され、同僚たちと比較意識ぬきにかかわるのが非常に難しくなる。仕事がらみの利害関係もあったりするため、周囲の人たちみんなと純粋な信頼関係を築くというわけにはいかない。

こうしてみると、子ども時代も、学生時代も、社会に出てからも、心から信頼し合える親しい関係というのは、ごく一部の相手との間に確立できれば幸運といってよい。改めてふり返ってみれば、その他の大部分の人間関係は、必要最小限のかかわりあいにせざるを得なかったはずだ。

性格的に、あるいは価値観的に合うか合わないかということだけでなく、そもそも、そんなにいろんな人と理解しあえるような深いかかわりをもつ時間などない。私たちの持ち時間は限られている。特別に大切な相手との関係を大事にしようと思ったら、それ以外の多くの人たちとは、さらっと表面的にかかわるくらいしかできない。ましてや、特別に面倒くさい相手とじっくり向き合うような時間的な余裕はないはずだ。

ロボットとロボットのかかわりで

ゆえに、とくに面倒な相手とは無理にわかり合おうなどと思わず、できるだけ距離をおき、被害を最小限に食い止めることだけを考えるようにしたい。

時間がないというだけではない。いろいろな人がいるから、人づきあいにはどうしても気をつかう。ふつうの相手とかかわるだけでも疲れるのに、面倒な相手とかかわっていたら疲れきってしまい、大事な関係や仕事にも支障が生じかねない。

そうはいっても、面倒な相手が上司だったり、部下だったり、仕事のパートナーだったりしたら、かかわらないわけにはいかない。そのようなときは、ロボットとロボットのかかわりのように、役割に徹することを意識すべきだろう。

仕事上必要な報告や連絡をしたり、相談をしたりしても、人間的な心のふれあいを求めたりしない。事務的なやりとりに徹する。むこうの面倒くささに巻きこまれないように、できるだけ心理的に距離をおくようにする。

とくに面倒な相手は、人間的な部分がややこしいのである。淡々とかかわっていれば、人間的なドロドロした部分が出てきにくいので、被害にあう可能性は低くなる。その意味では、誰に対しても、やたらと人間的なかかわりを求めようとするのは危険である。

面倒な相手については、被害を最小限に食い止めることを最優先にすべきということを忘れないようにしたい。

極意4

相手の心理メカニズムを知っておく

冷静になれれば、同情心さえ湧く

こうして見ると、職場の面倒な人を無理やり変えることはできないし、わかり合うのも無理だし、被害を最小限に食い止めるべく、淡々としたかかわりに徹するしかないということになる。

それにくわえて、こちらの精神衛生をたもつために必要なのは、そうした面倒くさい人物を動かしている心理法則を知っておくことである。

相手の反応にイライラするのは、「なんで?」「嘘だろ?」「それはないだろう」「あり得ないだろう」「いったい、どういうつもりなんだ?」「とんでもないな」……などといった思いに駆《か》られるからだ。つまり、理解を絶するからだ。

これまでにいってきたことと矛盾するじゃないかと思う人もいるかもしれない。理解を絶する相手とわかり合おうとするから、わかってもらえないとイライラする。ならば、わかり合おうと思わなければ、わかってもらえなくてもイライラすることはない。たしかにそういった。

ここでいうのは、わかり合おうというのでもないし、わかってもらおうというのでもない。相手がわかってくれなくていい。こっちが「相手の心の法則をわかっておこう」というのだ。

すぐに落ちこむ人物に対して、「ほんとうに厄介だな。あんなことでいちいち落ちこむなんて信じられない。甘えてる」と批判的にとらえ、いつもイライラしていた人も、あの人は、ホメて育てられ、厳しい状況に身をおくことがなく、レジリエンスが鍛えられていないため、ふつうの人が耐えられることも耐えられず、ほんとうにつらいのだ——ということがわかると、同情心さえ湧いてきて、あまりイライラしなくなったという。

人の手柄を横取りする人物に対して、「あんな汚いことを平気でするなんて信じられないし、あの壊れた倫理観が許せない」と怒り狂っていた人も、人間には誰にでも自己愛があり、自分の貢献を過大視し、自分の責任は過小視する認知の歪みがあり、自己愛過剰な人物はその歪みが強く出やすく、本人には人の手柄を横取りしている自覚はないのだ――ということがわかると、あまり感情的にならずに、冷静に防御策を講じるようになったようである。

相手を解読できれば、諦めもつく

どんな面倒くさい人も、必ずなんらかの心理法則にしたがって動いている。

理不尽にすぐに怒りだす人も、本人なりに理由があって怒るのである。理不尽に怒っているつもりはない。本人は正当な理由のもとに怒ったつもりでいる。

でも、こっちは正当な理由があるとは思えない。なぜそんなことで怒るのか、理不尽じゃないかと思うからイライラするのである。なぜ怒るのか、なぜそんな歪んだ受けとめ方をするのか――それがわかれば、それほどイライラしないですむ。

融通がきかず、なにかとこっちの仕事の邪魔をする人も、仕事の邪魔をしているつもりはない。本人は正当な理由のもとに動いているつもりである。

でも、それがこちらからすると正当な理由に思えない。なぜそんなに杓子定規で融通がきかないのだ、わけがわからない——そう思うからイライラするのである。規則や前例に必要以上にこだわる理由がわかれば、これまでのようなイライラに襲われることもなくなるはずだ。

小さなことで大騒ぎする人も、本人は小さなことで大騒ぎしているつもりはない。心から「大変なことになった」「こんなの、もう耐えられない」と思うから、大騒ぎしているのである。

それに対して、なぜそんな小さなことで大騒ぎするのだと思うからイライラする。なぜ大騒ぎしてしまうのか、その心理がわかれば、仕方ないと思え、イライラも軽減するはずだ。

このように、一見どんなに理解を絶する人でも、心理学的に分析してみると、必ずなんらかの心理法則にしたがって動いている。その心理法則が理解できれば、「なるほど、そういうことなのか」「そんな事情があったのか」「こういう人間もけっこういるっていうわけだな」……というように納得でき、それほどイライラしないですむようになる。

たとえ納得できなくても、「そういう人間なんだから、まあ、仕方ないな」と諦められるようになる。

そこで本書では、よくいる面倒くさい人のタイプ分けをして、その心理法則を説き明かすことにした。

第Ⅰ部で、面倒くさい人の典型的な12のタイプを取りあげ、それぞれの特徴とその背後で機能している心理法則を解説し、そういう人物とうまくつきあっていくためのコツを示した。

身近に面倒くさい人がいて困っているという人が少なくないはずだ。その場合、その特徴からもっとも近いタイプを探し、その人を動かしている心理法則をふまえ、うまくつき合うためのコツを参考に、じょうずなかわし方を身につけていただきたい。

さらには、適度な心理的距離をおき、巻きこまれないようにすることで、被害を最小限に抑えられれば、自分のなかのイライラを軽減することができるはずだ。

極意5

自分の気持ちを制御する

イライラするだけ損だと考える

とくに面倒な人にかぎらず、相手を変えようとしてもムダで、むしろこじれることが多いというのは、たいていの人が日常的に経験しているはずだ。

カウンセリングでも、本人が悩んで、今のままの自分ではダメだと思っている人は変わる可能性があるが、変わろうという気のない人を変えることはできない。結局のところ、私たちは自分を制御《せいぎょ》することはできても、他人を制御することはできないのだ。

そこで、身近に面倒な人がいる場合に大切なのは、その人物を制御しようとするのではなく、「自分自身の気持ちのあり方をうまく制御すること」である。

話が通じない人を相手にして、イライラすることもあるだろう。当然、伝わっていると思っていたことが伝わっていない。ちゃんと伝えておいたのに、「そんなふうにはいわれていない」という。思いこみが激しく、勘違いで動くことがあまりに多い。認知過程になんらかの問題を抱えているのだろう。でも、こちらがいくらイライラしたところで、むこうの認知の機能が向上するわけではない。

だったら、イライラするだけ損だ。イライラするのは精神衛生上好ましくない。話の通じない人のせいでしょっちゅうイライラしていては、そのストレスに心身の健康が損なわれる恐れがあるばかりでなく、冷静さを失うことにより仕事上のミスを生じかねない。

面倒な相手のせいで、こっちが健康面や仕事面で被害をこうむるのは、どうにもバカらしいことである。

そこで大事なのは、自分の身を守ることであり、それをまず第一に優先する必要がある。そのためには、自分の気持ちを制御することが求められる。

過剰な期待は捨てて淡々とつき合う

面倒くさい人に対してイライラするのは、相手の問題であると同時に、じつは、自分自身の問題でもあるのだ。自分自身をうまく制御できれば、職場の面倒くさい人たちに振りまわされずにすむ。

まずは、前項で指摘したように、第I部を参考に面倒な人の心理メカニズムを理解しておくことである。面倒な人の心理がわかるだけで気持ちが楽になる。人間にとって「わかる」ということはとても重要なことなのである。

「なんで?」「わけがわからない!」と思うからイライラするのであって、「そうなんだ」と納得できれば、イライラもおのずと軽減する。嫌な目にあわされた事実は変わらなくても、「それなら仕方ないか」と思えたりして、気持ちも救われる。

さらには、「そういう人なんだ」ということを踏まえて、過剰な期待をしないように、自分の気持ちを制御することが大切となる。期待を裏切られたと思うとき、人はイライラする。期待しなければ、いちいちイライラせずにすむ。

私たち日本人は、つい相手に気をつかいすぎて、疲れてしまうこともある。自分の思うことを遠慮なく主張し、人と接する際もある意味「自己中心」をつらぬく欧米人と違って、私たち日本人は、相手がどのような反応を期待しているかを敏感に察知し、極力、期待を裏切らないように振る舞おうとする。それができないときは気まずい感じになる。

ふつうの相手の場合は、むこうも同じように気づかってくれるが、面倒な人が相手だと、こっちばかりが気づかうことになるためイライラするのである。「こっちがこんなに気をつかっているのに」といった思いもあるから、気をつかわず勝手なことをいい、こっちの期待を平気で裏切る相手にイライラするのである。

そういう相手には、こっちも気づかうことをせずに、淡々とかかわるようにすればいい。そうすればイライラせずにすむ。

このように相手の心理メカニズムをふまえて、過剰な期待はしないように、あまり気づかうこともしないように自分の気持ちを制御することで、面倒くささにイラ立つこともなくなるはずである。

おわりに――

本書は、職場の面倒くさい人物に心を乱され、疲弊《ひへい》している人があまりに多いようなので、心理学の知見をもとに面倒くさい人のトリセツを示したものである。

原稿を書き進めていくうちに、「そういえば、こんなヤツもいたなあ」と、面倒な人物にまつわる記憶がつぎつぎによみがえってきた。そのため、本書で示した事例の多くは、自分自身の経験にもとづいている。

いまは職場の人間関係によるストレスからは解放されたが、組織に属していた頃はいろいろと厄介な人物がいて、心のエネルギーを吸いとられたものだった。そこから推察するに、組織にどっぷり浸《つ》かっている人は、面倒な人物のために相当に過酷《かこく》な日々を過ごしているものと思われる。

「そうそう、ほんとうにそうなんだよ」「もう、ほんと嫌だよ」と心のなかで叫ばずにいられない人は、本書をヒントに、職場の面倒くさい人をぜひ攻略していただきたい。

私自身、このようなトリセツをずっと前に読んでいたら、もう少しうまく対処できたのではないかと思う。

もちろん、私は心理学者として本書で紹介した心理学の知見は知っていたが、自分を取りまく面倒くさい人たちとのかかわりに翻弄《ほんろう》されるなかで、冷静に分析する気持ちの余裕を失い、けっこうストレスを感じることもあった。

今回、あらためて職場の面倒くさい人について頭のなかを整理することで、相手を動かしている心理法則を知っておくことの重要性とともに、自分の気持ちを制御《せいぎょ》することの大切さを再認識した。

本書は、「サラリーマンの給料の8割は対人関係の我慢料。仕事そのものの対価はせいぜい2割」という思いをいだく編集者からの依頼で構想したものだが、職場の人間関係に悩まされ、ストレスを溜めこんでいる人の気持ちを軽くするのに少しでも貢献できれば幸いである。

2020年8月　榎本博明

面倒くさい人のトリセツ

2020年9月20日　初版印刷
2020年9月30日　初版発行

著者◉榎本博明

企画・編集◉株式会社夢の設計社
東京都新宿区山吹町261　〒162-0801
電話 (03)3267-7851(編集)

発行者◉小野寺優

発行所◉株式会社河出書房新社
東京都渋谷区千駄ヶ谷2-32-2　〒151-0051
電話 (03)3404-1201(営業)
http://www.kawade.co.jp/

DTP◉イールプランニング

印刷・製本◉中央精版印刷株式会社

Printed in Japan　ISBN978-4-309-50411-7